InterPartes 7

Studien zur Dolmetschwissenschaft

Hrsg. von Prof. Dr. Dörte Andres,
Mainz/Germersheim

Nicole Haas

Dolmetschen am Ruanda-Tribunal

Martin Meidenbauer

Nicole Haas studierte von 2005 bis 2011 Dolmetschen/Übersetzen mit den Sprachen Französisch, Russisch und Englisch am Fachbereich Translations-, Sprach- und Kulturwissenschaft der Johannes Gutenberg-Universität Mainz.

Bibliografische Information der Deutschen Nationalbibliothek
Die Deutsche Nationalbibliothek verzeichnet diese Publikation in der Deutschen Nationalbibliografie; detaillierte bibliografische Daten sind im Internet über http://dnb.d-nb.de abrufbar.

ISBN 978-3-89975-264-9
Verlagsverzeichnis schickt gern:
Martin Meidenbauer Verlagsbuchhandlung
Schwanthalerstr. 81
D-80336 München
www.m-verlag.net

Inhaltsverzeichnis

Abkürzungsverzeichnis

ICTR: *International Criminal Tribunal for Rwanda*; auf Französisch: TPIR (*Tribunal pénal international pour le Rwanda*).

ICTY: *International Criminal Tribunal for the Former Yugoslavia.*

Interahamwe: Unter Habyarimana geschaffene bewaffnete Miliz des Jugendflügels der MRND, von der ein erheblicher Teil der während des Völkermordes 1994 begangenen Morde verübt wurde.

MRND: *Mouvement révolutionnaire national pour le développement;* politische Partei in Ruanda; bestand von 1975 bis 1991; Einheitspartei unter Juvénal Habyarimana.

MRNDD: *Mouvement républicain national pour la démocratie et le développement*; ab 1991 Bezeichnung der Partei MRND.

Parmehutu: Parti du Mouvement de l'Émancipation Hutu; politische Partei in Ruanda; bestand von 1959 bis 1973; gegründet von Grégoire Kayibanda.

PJRD: *Public Judicial Records Database*; auf der Internetseite des ICTR öffentlich zugängliche Datenbank mit den Protokollen der Gerichtsverhandlungen, Urteilen und vielen weiteren Dokumenten.

RPF: *Rwandan Patriotic Front*; auf Französisch: FPR (*Front Patriotique Rwandais*); von 1990 bis 1994 von ruandischen Flüchtlingen in Uganda gegründete Armee; seit 1994 politische Partei in Ruanda.

RTLM: *Radio-Télévision Libre des Mille Collines*; gegründet im Juli 1993; beteiligte sich maßgeblich an der Verbreitung von Hasspropaganda gegen die Tutsi.

UNAMIR: *United Nations Assistance Mission for Rwanda* von Oktober 1993 bis März 1996.

UNOMUR: *United Nations Observer Mission Uganda-Rwanda* von Juni 1993 bis September 1994.

1 Einführung – Probleme und Grenzen des Dolmetschens am ICTR

Im Jahre 1994 erlebt Ruanda die schlimmste Serie von Massakern und Gewalttaten seiner Geschichte: Die ruandische Armee und Hutu-Milizen verüben Völkermord an den Tutsi sowie an oppositionellen Hutu. Binnen annähernd 100 Tagen fallen bis zu einer Million Menschen dem Genozid zum Opfer (Brockhaus 6). Zur juristischen Aufarbeitung der schwersten Verbrechen und zur Verurteilung der Haupttäter des Völkermords ruft die UNO im November 1994 einen internationalen Strafgerichtshof ins Leben, das *International Criminal Tribunal for Rwanda* (im Folgenden mit ICTR abgekürzt), auch Ruanda-Tribunal genannt (Brockhaus 1). Die Arbeitssprachen des Gerichts sind Englisch und Französisch, über 90 % der Angeklagten und Zeugen sprechen jedoch ausschließlich Kinyaruanda (ICTR 16 2008:3; ICTR 11 2009:39). Dies macht den Einsatz von Dolmetschern[1] während jeder einzelnen Verhandlung notwendig.

Im Rahmen dieser Arbeit wird untersucht, mit welchen Schwierigkeiten und Herausforderungen die Dolmetscher am ICTR in ihrem Arbeitsalltag konfrontiert werden und wie sich dies auf die Gerichtsverfahren auswirkt. Die Probleme sind zahlreich und vielfältig: Einige resultieren beispielsweise aus den Arbeitsbedingungen, andere sind auf die Dolmetscher selbst und ihre Ausbildung zurückzuführen, wieder andere stehen in Zusammenhang mit der kinyaruandischen Sprache und der ruandischen Kultur. Selbst den Juristen ist häufig nicht bewusst, welche gravierenden Folgen kulturell bedingte Missverständnisse und Dolmetschfehler unter Umständen für den Ausgang eines Verfahrens haben können. Es soll deshalb aufgezeigt werden, von welch wesentlicher Bedeutung kompetente und qualifizierte Dolmetscher, optimale Arbeitsbedingungen sowie ein reibungslos funktionierender Sprachendienst für die Gewährleistung eines fairen Gerichtsverfahrens sind.

Als wissenschaftliche Grundlage für alle das Dolmetschen betreffenden Fragestellungen dient allgemeine (gerichts-)dolmetschwissenschaftliche Literatur. Das Thema Dolmetschen mit Fokus auf dem ICTR wurde bisher jedoch noch nicht umfassend behandelt. Der Aspekt der Sprachmittlung wird in vielen Arbeiten lediglich kurz angeschnitten. Deshalb sind für die vorliegende Untersuchung Informationen aus erster Hand, also Erläu-

[1] Zur besseren Lesbarkeit wird in dieser Arbeit mit Ausnahme von Stellen, an denen das Geschlecht von Bedeutung ist, ausschließlich das generische Maskulinum verwendet.

terungen des beruflichen Alltags von ICTR-Dolmetschern selbst, von zentraler Bedeutung. Hierzu wurde eine Umfrage unter den Dolmetschern des Gerichts durchgeführt, auf die es jedoch lediglich zwei Rückmeldungen gab.[2] Dabei waren Versuche einer Kontaktaufnahme über das ICTR selbst nicht erfolgreich, stattdessen wurden 17 Dolmetscher über ihre auf der Internetseite des AIIC angegebene E-Mail-Adresse angeschrieben.[3] Besonderes Gewicht haben auch drei weitere Quellen, in denen sich Dolmetscher des ICTR ausführlich zu ihren Arbeitsbedingungen sowie zu verschiedenen Schwierigkeiten bei der Sprachmittlung äußern.[4]

Als überaus aufschlussreich erwies sich die Untersuchung der Protokolle der Gerichtsverhandlungen am ICTR, mit deren Hilfe viele verschiedene Probleme beim Dolmetschen identifiziert und analysiert werden konnten. Ungefähr 5.000 solcher Protokolle und noch viele weitere Dokumente sind über die Internetseite des ICTR auf Englisch und Französisch für die Öffentlichkeit zugänglich.[5]

Mit Ausnahme der Dolmetscher-Umfrage schlugen alle weiteren Versuche einer Kontaktaufnahme mit dem Ziel, direkte Informationen zum Dolmetschen am ICTR aus unterschiedlichen Perspektiven zu erhalten, fehl.[6]

Bei der Bearbeitung des Themas „Dolmetschen am Ruanda-Tribunal" hat sich deutlich gezeigt, dass bei der Bewertung der Aussagekraft und Verlässlichkeit der Quellen verschiedenster Herkunft der Position des Autors eine überaus große Bedeutung zukommt. So stellen beispielsweise Mitarbeiter des ICTR das Dolmetschen viel positiver und unproblematischer dar als etwa Menschenrechtsorganisationen oder auch die

---

2 Es handelt sich um die Quellen Umfrage Antwort 1 und Antwort 2. Die ursprünglichen Fragebögen sind als Anhang beigefügt (Anhang 2 und 3).

3 Siehe hierzu die Quelle AIIC Staff.

4 Es handelt sich jeweils um einen Teil der Quellen ICTR 11 und ICTR 12 sowie um den Brief des ICTR-Dolmetschers Richard Alderman aus dem Jahr 2005, der in Karton (2008) zitiert wird.

5 Verwendete Dokumente aus dieser Datenbank sind in den Quellenangaben mit dem Zusatz PJRD (*Public Judicial Records Database*) gekennzeichnet.

6 Anfragen an den Leiter des Sprachendienstes des ICTR, an eine deutsche Professorin, die am ICTR einen Dolmetscher-Workshop durchführte, an einen ehemaligen Richter der Berufungskammer des ICTR sowie an die Universität von Butare in Ruanda, an der Kinyaruanda-Dolmetscher ausbildet werden, blieben unbeantwortet.

Presse.[7] Eine umfassende Analyse aller Quellen ergab, dass die Darstellungen der kritischen Stimmen mit großer Wahrscheinlichkeit eher der Realität entsprechen, insbesondere da sich die angesprochenen Probleme und Mängel zu einem großen Teil mit den Aussagen der ICTR-Dolmetscher selbst decken. Deshalb werden in der vorliegenden Arbeit vornehmlich diese Quellen berücksichtigt.

[7] Siehe insbesondere die Quellen ICTR 5, ICTR 22, Møse 2005 im Gegensatz zu den Artikeln der *Hirondelle News Agency Arusha* oder Berichten von Binaifer Nowrojee aus den Jahren 1996 und 2005.

2 Ruanda

2.1 Geografische und demografische Informationen

Für ein besseres Verständnis zahlreicher in dieser Arbeit behandelter Aspekte sind Informationen zu Ruanda, seiner Geschichte sowie im Besonderen zum Völkermord von 1994 dienlich. Die folgenden Kapitel geben einen kurzen Überblick über diese Themen, der jedoch keinen Anspruch auf Vollständigkeit erhebt.

Ruanda mit seiner Hauptstadt Kigali ist ein Binnenstaat in Ostafrika und grenzt im Norden an Uganda, im Osten an Tansania, im Süden an Burundi und im Westen an die Demokratische Republik Kongo. Der als „Land der tausend Hügel" bezeichnete Staat ist mit 26.340 km² ungefähr so groß wie Belgien und somit eines der kleinsten Länder Afrikas (Magnarella 2005:801).

(Quelle: Brockhaus 8 (verändert))

Das überwiegend von Subsistenzwirtschaft geprägte Agrarland wird von drei „ethnisch", wirtschaftlich und sozial voneinander getrennten Gruppen bewohnt: Ungefähr 90 % der etwa 7,2 Millionen Einwohner gehören den vorwiegend Ackerbau betreibenden Hutu, 9 % den Viehzucht betreibenden Tutsi und ca. 1 % den Twa (Pygmäen) an (Stand 2000) (Zwahr 2006:221). Die Amtssprachen des Landes sind neben Kinyaruanda, das von allen beherrscht wird, auch Französisch und, seit der Rückkehr zahlreicher Tutsi-Flüchtlinge aus englischsprachigen Ländern nach 1994, auch Englisch (Brockhaus 6). Die Analphabetenquote liegt bei einem Drittel (Zwahr 2006:221). Ruanda verzeichnet ein hohes Bevölkerungswachstum. Mit 328 Einwohnern pro km² ist es der am dichtesten besiedelte Staat Afrikas (Brockhaus 6).

2.2 Vorkoloniale Geschichte

Zur frühen Geschichte Ruandas liegen keine sicheren Informationen vor. Deshalb können bezüglich des Zeitpunkts der Besiedlung durch verschiedene Gruppen nur grobe Schätzungen vorgenommen werden. Die erste Bevölkerungsgruppe, die sich in Ruanda niederlässt, stellen demnach höchstwahrscheinlich aus dem Gebiet der heutigen Demokratischen Republik Kongo eingewanderte pygmäische Jäger und Sammler, heute Twa genannt, dar.[8] Ungefähr um 400 v. Chr. und noch einmal um 1000 n. Chr. gibt es vermutlich zwei Einwanderungswellen von Ackerbauern, den Hutu, die eine Bantusprache sprechen.[9] Diese verfügen noch nicht über politische Strukturen im heutigen Sinne (Gasarabwé 1992:225). Anschließend wandern in mehreren Wellen zwischen dem 11. und 16. Jahrhundert nilotische Viehzüchter (Tutsi) aus dem Gebiet zwischen Weißem Nil und Ostküste ein.[10] Diese übernehmen die Bantusprache der Hutu sowie deren religiöse Vorstellungen.[11] Trotz ihrer zahlenmäßigen Unterlegenheit beherrschen die Tutsi unter Führung eines Königs („mwami") die Hutu und Twa militärisch, politisch und wirtschaftlich (Magnarella 2005:802; Brockhaus 6).

Vor 500 Jahren mögen die Begriffe Hutu und Tutsi folglich noch unterschiedliche ethnische Gruppen bezeichnet haben, doch spätestens seit Anfang des 19. Jahrhunderts beziehen sie sich auf Unterschiede im wirtschaftlichen und sozialen Status (Abdulai 1994:16; Mukimbiri 2005:826). Damals wie heute teilen Hutu und Tutsi eine gemeinsame Sprache, Religion und Kultur, außerdem sind sowohl Mischehen als auch ein Wechsel der Gruppenzugehörigkeit möglich.[12] Keines der Kriterien, die normalerweise zur Bestimmung unterschiedlicher Ethnien herangezogen werden, ist auf die Hutu und Tutsi anwendbar. Wieso diese beiden Gruppen

---

[8] Vgl. Magnarella 2005:802; Corey/Joireman 2004:75; Heeger 1998a:13.

[9] Vgl. Magnarella 2005:802; Vidal 1995:15; Heeger 1998a:13 f.

[10] Vgl. Brockhaus 7; Magnarella 2005:802; Heeger 1998a:14.

[11] Vgl. Gasarabwé 1992:225; Vidal 1995:15.

[12] Vgl. Corey/Joireman 2004:75; Abdulai 1994:16; Vidal 1995:14; Mukimbiri 2005:826.

trotzdem heute noch als verschiedene Ethnien bezeichnet werden, wird im folgenden Kapitel erläutert.

2.3 Ruanda als Kolonie

In den 1890er Jahren wird Ruanda Teil von Deutsch-Ostafrika (Guillot/Minear 1996:53). Aus praktischen Erwägungen tastet Deutschland die Macht des ruandischen Königs nicht an, sondern festigt dessen Stellung und herrscht mit seiner Hilfe indirekt.[13] Die Deutschen bedienen sich verschiedener das Aussehen betreffender Stereotypen, um die unterschiedlichen Bevölkerungsgruppen zu beschreiben.[14] Ab dem Ende des Ersten Weltkrieges verwaltet Belgien das Gebiet Ruandas: von 1919 bis 1946 im Rahmen eines Mandats des Völkerbundes und von 1946 bis 1962 als UN-Treuhandgebiet (Brockhaus 6). Unter belgischer Herrschaft wird den Hutu und Tutsi verstärkt suggeriert, dass sie nicht ein homogenes Volk bilden, sondern verschiedenen Ethnien angehören. In den 1930er Jahren führt Belgien einen obligatorischen Personalausweis ein, in dem die anhand äußerlicher Kriterien und dem Viehbesitz bestimmte „ethnische“ Zugehörigkeit vermerkt wird.[15] Eine Volkszählung aus dieser Zeit ergibt, dass 85 % der Bevölkerung den Hutu, 14 % den Tutsi und 1 % den Twa angehören (Mukimbiri 2005:827). Eine konsequente Ungleichbehandlung führt dazu, dass sich Hutu und Tutsi als unterschiedliche Ethnien wahrnehmen, obgleich dem nicht so ist (Vidal 1995:16). Die Diskriminierung der Hutu schürt zudem den Hass auf die privilegierte Minderheit der Tutsi (ebd.; Brockhaus 6). Diese Wahrnehmung ist derart stark in der Denkweise des ruandischen Volkes verankert, dass sogar nach dem Völkermord 1994 immer noch in diesen Kategorien gedacht wird (PJRD 2 1998:84).[16] In den 50er Jahren wird die Entkolonialisierung Ruandas vorangetrieben. Da offensichtlich ist, dass in einem unabhängigen Ruanda die Hutu an die Macht kommen würden, ändert Belgien abrupt seine Strategie und beginnt nun, die Hutu zu bevorzugen und zu fördern.[17] Im Jahr 1959 erheben sich die Hutu in einer Revolte und treiben tausende Tutsi ins Exil.[18] Mit belgischer Hilfe wird 1961 der Tutsi-König gestürzt und die Republik ausgerufen (Brockhaus 6). Grégoire Kayibanda und seine

---

13 Vgl. Prunier 1995, zit. in Grünfeld/Huijboom 2007:28; Magnarella 2005:806.

14 Vgl. Guillot/Minear 1996:53; Heeger 1998b:22.

15 Vgl. Magnarella 2005:808; Corey/Joireman 2004:77; Grünfeld/Huijboom 2007:29.

16 Aus diesem Grund wird das Wort *ethnisch*, wenn es in dem hier beschriebenen Sinne gebraucht wird, in der vorliegenden Arbeit immer in Anführungszeichen gesetzt.

17 Vgl. Magnarella 2005:809; Guillot/Minear 1996:54; Paul 2006:35.

18 Vgl. Zwahr 2006:221; Grünfeld/Huijboom 2007:30; Guilllot/Minear1996:54.

Partei *Parmehutu*[19] erhalten in den ersten freien Wahlen über 70 % der Stimmen (Heil 1997:12). Die Tutsi werden von da an stark benachteiligt, unter anderem wird ihnen beispielsweise der Zugang zu Bildung und Arbeitsplätzen sowie die Beteiligung an der Politik verweigert (Grünfeld/Huijboom 2007:31).

2.4 Unabhängigkeit

Am 1. Juli 1962 erlangt Ruanda seine Unabhängigkeit (Brockhaus 6). Neben Belgien nimmt auch Frankreich diplomatische Beziehungen zu Ruanda auf, um seinen Einfluss im Zwischenseengebiet zu vergrößern (Ristow/Wendler 1998:172).

Massaker an den Hutu mit bis zu 200.000 Opfern im Jahre 1972 im benachbarten von den Tutsi regierten Burundi verschärfen die Spannungen in Ruanda weiter (Corey/Joireman 2004:77; Lemarchand 1999:129). Im Februar 1973 werden Massenmorde an den Tutsi verübt, was eine erneute Flüchtlingswelle, vor allem nach Uganda und Burundi, zur Folge hat (Guillot/Minear 1996:55). Der damalige Verteidigungsminister Juvénal Habyarimana übernimmt im Juli 1973 durch einen Putsch die Macht (Heil 1997:12). Die *Parmehutu* wird aufgelöst und stattdessen die Einheitspartei MRND[20] gegründet (ebd.; Brockhaus 6). Zwar erklärt Habyarimana offiziell den ethnischen Frieden, dennoch werden die Tutsi in den folgenden zwei Jahrzehnten weiterhin stark diskriminiert (Vidal 1995:12). Trotzdem geht Frankreich, das Habyarimana als einen Unterstützer der Frankophonie ansieht, einen Vertrag über eine militärische Kooperation mit Ruanda ein (ebd.). Die Frankophonie stellt für Frankreich ein Mittel dar, seinen Einfluss in der Region zu sichern.

In den 80er Jahren verschlechtert sich die wirtschaftliche und soziale Lage in Ruanda erheblich. Die begrenzte landwirtschaftliche Nutzfläche in dem relativ kleinen Land kann die stark wachsende Bevölkerung nicht mehr ernähren, die Menschen verarmen zunehmend, auch aufgrund fallender Weltmarktpreise für die wichtigsten Exportprodukte Tee und Kaffee.[21] Es kommt zur Landflucht, viele arbeitslose junge Menschen strömen in die Städte (Golooba-Mutebi 2008:16). Den inzwischen über 1,5 Millionen

---

[19] *Parti du Mouvement de l'Émancipation Hutu* (*Partei der Bewegung für die Gleichstellung der Hutu*).

[20] *Mouvement révolutionnaire national pour le développement.* 1991 wird die Partei umbenannt in *Mouvement républicain national pour la démocratie et le développement* (MRNDD).

[21] Vgl. Heil 1997:12; Vidal 1995:6 f.; Roggemann 1998:158.

ruandischen Flüchtlingen in den Nachbarländern wird die Rückkehr nach Ruanda wegen der Überbevölkerung verwehrt (Magnarella 2005:811).

2.5 Bürgerkrieg von 1990 bis 1993

Eben jene Flüchtlinge schließen sich in der Folge zu Rebellenorganisationen zusammen, um ihre Rückkehr gewaltsam zu erzwingen (Magnarella 2005:812). Eine dieser Organisationen ist die RPF (*Rwandan Patriotic Front*), die am 1. Oktober 1990 von Uganda aus nach Ruanda einmarschiert, was einen dreijährigen Bürgerkrieg auslöst (Stroh 2002:14 f.). Die Mitglieder der RPF sind hauptsächlich Tutsi, jedoch gehören ihr auch Hutu an, denen die diktatorische Regierungsweise Habyarimanas missfällt (ebd. 15). Frankreich leistet der ruandischen Armee Unterstützung (Guillot/Minear 1996:56). Ein Grund hierfür ist, dass die aus Uganda kommende RPF größtenteils englischsprachig ist, was aus Sicht Frankreichs belegt, dass hinter ihr Uganda und somit die USA und das Vereinigte Königreich stehen (Ristow/Wendler 1998:177). Der Sieg der RPF wäre folglich eine Bedrohung für den Einfluss Frankreichs im bis dahin frankophon geprägten Ruanda und damit auch in Burundi und in der Kivu-Region.[22] Diese Furcht Frankreichs vor einem wachsenden angelsächsischen Einfluss in Afrika lässt sich mit dem Begriff „Faschoda-Komplex“[23] beschreiben. Frankreich wird zu einem der wichtigsten Waffenlieferanten Ruandas. Neben offizieller militärischer Hilfe übernimmt es allerdings auch inoffizielle Waffenlieferungen und unterstützt die militärische Ausbildung von *Interahamwe*[24]-Milizen.[25] Nach langer Untätigkeit setzt die UNO schließlich im Juni 1993 eine Beobachtermission (UNOMUR[26]) und im August eine Hilfsmission (UNAMIR[27]) für Ruanda ein (Stroh 2002:16). Auf internationalen Druck schließen Ruanda und die RPF am 4. August 1993 in Arusha ein Friedensabkommen, das jedoch auf

---

[22] Vgl. Abdulai 1994:20; Hitchcott 2009:155; Ristow/Wendler 1998:178; Prunier 1995, zit. in Grünfeld/Huijboom 2007:32 f.

[23] Im Jahr 1898 verliert Frankreich bei Faschoda am Weißen Nil den Kampf um Expansionsinteressen in Afrika gegen die Briten, die in der Folge über den Nil Kontrolle über viele Staaten gewinnen. Die Angst vor einer Wiederholung eines solchen Szenarios wird als „Faschoda-Komplex“ bezeichnet (Ristow/Wendler 1998:179).

[24] Unter Habyarimana geschaffene bewaffnete Miliz des Jugendflügels der MRND, die einen Großteil der Morde während des Genozids 1994 verübte.

[25] Vgl. *Le Monde* vom 22.09.1994, zit. in Ristow/Wendler 1998:173; Bradol 1995:141; Hitchcott 2009:155.

[26] *United Nations Observer Mission Uganda-Rwanda* (Juni 1993 bis September 1994).

[27] *United Nations Assistance Mission for Rwanda* (Oktober 1993 bis März 1996).

den Widerstand extremistischer Hutu stößt, die anschließend eine Hetzkampagne gegen die Tutsi und gemäßigte Hutu in Gang setzen (Brockhaus 6). Die neu gegründete private Rundfunkanstalt RTLM[28] sendet bereits wenige Tage später Hasspropaganda gegen die Tutsi (Magnarella 2005:813).

2.6 Der Völkermord von April bis Juli 1994

Anfang April 1994 findet in Daressalam zur Planung der Umsetzung des Arusha-Abkommens ein regionales Treffen von Staats- und Regierungschefs statt. Am 6. April befinden sich der ruandische Präsident Habyarimana sowie der burundische Präsident Ntaryamira auf dem Heimflug, doch ihr Flugzeug wird kurz vor Erreichen Kigalis abgeschossen und stürzt ab (Magnarella 2005:815). Die Täter können zwar nicht ermittelt werden, es gibt jedoch Grund zu der Annahme, dass nicht etwa Tutsi für den Anschlag verantwortlich sind, sondern Hutu-Extremisten aus dem Lager des Präsidenten selbst, denen eine Umsetzung des Arusha-Abkommens geschadet hätte.[29] Umgehend sendet RTLM Aufrufe an die Hutu, die Tutsi sowie oppositionelle Hutu zu ermorden (Corey/Joireman 2004:79).
Dies bedeutet den Beginn des Völkermords. Die ruandische Armee sowie die Hutu-Miliz *Interahamwe*, für die viele der arbeitslosen jungen Männer in den Städten rekrutiert wurden, beginnen bereits eine Stunde nach Absturz des Flugzeuges mit Massakern in Kigali; innerhalb von 30 Tagen wird das gesamte Land von einer Welle der Gewalt ergriffen.[30] Die RPF startet ihrerseits am 8. April einen Angriff auf Ruanda und erreicht Kigali am 11. April (Arnold 1999:126). 800.000 bis zu einer Million Tutsi und gemäßigte Hutu fallen in einem Zeitraum von nur etwa 100 Tagen der Gewalt zum Opfer.[31] Die Existenz von Todeslisten und die Ausgabe von Waffen an die Milizen bereits in den ersten Tagen des Völkermords belegen, dass diese Massaker nicht spontan verübt werden, sondern von langer Hand geplant sind (Bouchet-Saulnier 1995:275; Vidal 1995:21). Besonders auffällig und erschreckend ist die extreme Brutalität, mit der die Mörder vorgehen. Die Machete wird zum Symbol des Genozids, und zwar in dem Maße, dass das Wort „kwica" („töten") durch „gutema" („abschlagen", „abschneiden", „abtrennen") abgelöst wird.[32] Während und

[28] *Radio-Télévision Libre des Mille Collines.*

[29] Vgl. Prunier 1995, zit. in Arnold 1999:126; *Rwanda Country Review* 2007; Magnarella 2005:815.

[30] Vgl. *Rwanda Country Review* 2007; Vidal 1995:25 f.; Golooba-Mutebi 2008:16.

[31] Vgl. Brockhaus 6; *Rwanda Country Review* 2007; Vidal 1995:26.

[32] Vgl. Vidal 1995:27; *Rwanda Country Review* 2007.

nach dem Bürgerkrieg befinden sich bis zu zwei Millionen Menschen auf der Flucht, was 25 % bis 30 % der damaligen Gesamtbevölkerung entspricht (Arnold 1999:127). Zudem werden tausende Hutu in Racheakten der Tutsi getötet, bevor die RPF im Juli schließlich Ruanda erobert und dem Morden Einhalt gebietet (Zwahr 2006:222). Dies hat eine weitere Flüchtlingswelle von Hutu zur Folge (ebd.; Stroh 2002:17). Am 19. Juli 1994 setzt die RPF unter Führung Paul Kagames den gemäßigten Hutu Pasteur Bizimungu als neuen Staatspräsidenten ein (Zwahr 2006:222).

Die Hilfsmission UNAMIR der UNO erhält nicht das Mandat, gegen die marodierenden Milizen vorzugehen, und sieht dem Morden tatenlos zu. Vor allem die USA lehnen es zunächst ab, die Massaker als Völkermord zu klassifizieren.[33] Die in Ruanda stationierten bewaffneten Truppen werden sogar größtenteils abgezogen: Von ursprünglich 2.500 Blauhelmsoldaten bleiben nur weniger als 300 in Ruanda stationiert.[34] Mitte Mai 1994 wird das UNAMIR-Mandat zwar neu definiert und es wird entschieden, im Rahmen der UNAMIR II-Mission das Kontingent auf 5.500 Soldaten aufzustocken, doch läuft diese Hilfe nur schleppend an, so dass die Truppen erst vier Monate später, nach Ende des Völkermords, in Ruanda eintreffen.[35] Der UNO wird aus diesen Gründen hinsichtlich des Völkermords in Ruanda Untätigkeit und Versagen vorgeworfen.

Nur Frankreich entschließt sich dazu, unabhängig von UNAMIR II bereits früher Soldaten nach Ruanda zu schicken. Es erhält von der UNO das Mandat für die so genannte *Opération Turquoise* und richtet daraufhin im Juni 1994 im Südwesten Ruandas eine Schutzzone für Binnenflüchtlinge ein, die zumindest einigen Tausend Menschen das Leben rettet.[36] Kritisch zu bewerten ist allerdings, dass auch diese Hilfe Ruanda erst sehr spät erreicht und sich zudem nur auf einen Teil des Landes konzentriert, in dem die heftigsten Unruhen bereits vorüber waren, wodurch der Mission vielmehr eine Alibi-Funktion zukommt.[37] Da Frankreich zudem aufgrund seiner militärischen Unterstützung Ruandas und seinen inoffiziellen Waffenlieferungen eine Mitschuld am Völkermord trägt, liegt der Schluss nahe, dass es aus rein geopolitischen und ökonomischen Motiven handelt, weshalb sowohl die RPF als auch humanitäre Organisationen Frankreichs

---

[33] Vgl. Jones 2001:123; Bouchet-Saulnier 1995:276.
[34] Vgl. Gillet 1995:228 f.; Bradol 1995:136; Jones 2001:127.
[35] Vgl. Bouchet-Saulnier 1995:278 f.; Jones 2001:122.
[36] Vgl. Wiese 1997, zit. in Heil 1997:64; Stroh 2002:16 f.; Bradol 1995:142.
[37] Vgl. Prunier 1995, zit. in Jones 2001:125; Guillot/Minear 1996:104.

Eingreifen überaus misstrauisch gegenüberstehen.[38] Frankreichs Rolle im Völkermord ist aus diesen Gründen kritisch zu hinterfragen.

2.7 Ruanda nach dem Völkermord

Bis 1998 kommt es immer wieder zu Massakern und Racheakten gegen die Hutu (Heil 1997:15; Middleton 2002:219). Zudem ist der Völkermord in Ruanda das unmittelbare Vorspiel zum kongolesischen Bürgerkrieg (Paul 2006:38). Über ein Jahrzehnt nach dem Genozid ist das Problem der Rückkehr und Integration der Flüchtlingsmassen nicht gelöst (Brockhaus 6; Heil 1997:15).

Bereits im Jahre 1994, als Bizimungu zum Präsidenten ernannt wird, gibt es Anzeichen dafür, dass die wahre Macht im Staat bei dem für seine diktatorische Führungsweise bekannten Kagame liegt. Dies bestätigt sich im Jahr 2000, als Kagame zum neuen Präsidenten gewählt wird (Middleton 2002:220).

Die Beziehungen zwischen Frankreich und Ruanda verschlechtern sich seit 1994 zusehends (Hitchcott 2009:155). Ihren Höhepunkt erreichen die Spannungen im November 2006, als Ruanda seine diplomatischen Beziehungen zu Frankreich für mehrere Jahre abbricht (Brockhaus 6). Französisch wird seit 1994 von vielen Ruandern sogar als die „Sprache des Feindes“ angesehen, wohingegen Englisch 1994 den Status einer dritten offiziellen Sprache erlangt (Hitchcott 2009:155). Hinzu kommt, dass Kagame Französisch nicht einmal beherrscht und 2009 sogar den Beitritt Ruandas zum Commonwealth erreicht (ebd.; Brockhaus 6).

Nach diesem Überblick über die geschichtlichen Hintergründe des Völkermords werden im Folgenden die Errichtung und Funktionsweise des ICTR vorgestellt.

[38] Vgl. Ristow/Wendler 1998:181; Jones 2001:124; Guillot/Minear 1996:95.

3 Das *International Criminal Tribunal for Rwanda* (ICTR)

3.1 Errichtung des ICTR

Ein wichtiger Schritt für Ruanda in Richtung nationaler Aussöhnung ist es, die Täter und vor allem die Drahtzieher des Völkermords zur Rechenschaft zu ziehen und zu verurteilen. Erschwert wird dies jedoch dadurch, dass der bereits vor 1994 schlecht ausgebaute Justizapparat nach dem Völkermord völlig zusammenbricht, da die meisten Mitarbeiter entweder zu den Todesopfern zählen oder aber aus dem Land flüchten (Amstutz 2006:551; Corey/Joireman 2004:81). Weder die notwendigen Ermittlungen noch Gerichtsverfahren können durchgeführt werden (Heil 1997:16). Zudem ist es aufgrund der immensen Täterzahl ohnehin unmöglich, zügig alle Schuldigen zu verurteilen und somit den Opfern Gerechtigkeit widerfahren zu lassen und den Völkermord aufzuarbeiten. In völlig überfüllten Gefängnissen warten Mitte der 90er Jahre zehntausende Angeklagte darauf, dass ihnen der Prozess gemacht wird (eine Quelle spricht von 87.000, eine andere gar von 120.000 Personen) (ebd.; Brockhaus 6). Im Schnellverfahren werden deshalb mit ausländischer Hilfe Ermittler, Anwälte, Staatsanwälte und Richter ausgebildet (Heil 1997:16).

Alsbald wird auch für die UNO offensichtlich, dass ohne die Unterstützung eines internationalen Gerichts eine Vielzahl der in Ruanda begangenen Verstöße gegen humanitäres Völkerrecht ungeahndet bleiben würde (Stroh 2002:45). Eine von der UNO entsandte Expertenkommission plädiert dafür, das Mandat des ICTY[39] auf Ruanda auszudehnen, um eine internationale Strafverfolgung der dort begangenen Verbrechen zu ermöglichen (Stroh 2002:18). Sie berichtet von „overwhelming evidence to prove that acts of genocide against the Tutsi group were perpetrated by Hutu elements in a concerted, planned, systematic and methodical way“ (Arnold 1999:128). Da die UNO jedoch noch immer zögert, empfiehlt die Expertenkommission den Nichtregierungsorganisationen vor Ort, in einer Petition an den Generalsekretär der UNO die Schaffung eines internationalen Gerichtshofs für Ruanda zu fordern (Bouchet-Saulnier 1995:277). Erst am 8. November 1994 beschließt der UN Sicherheitsrat in Resolution 955 die Errichtung eines solchen Gerichts.[40] Die vollständige Bezeichnung lautet:

---

[39] *International Criminal Tribunal for the former Yugoslavia.*

[40] Vgl. Stroh 2002:18; Brockhaus 1.

International Criminal Tribunal for the Prosecution of Persons Responsible for Genocide and Other Serious Violations of International Humanitarian Law Committed in the Territory of Rwanda and Rwandan Citizens responsible for genocide and other such violations committed in the territory of neighboring States between 1 January and 31 December 1994.
(ICTR 17 1997:1)

Im Laufe der Zeit bürgert sich die Bezeichnung *International Criminal Tribunal for Rwanda*, kurz ICTR, ein (Sirois 2000:12). Nicht einmal zwei Jahre nach der Einsetzung des ICTY im Mai 1993 macht der Weltsicherheitsrat somit wieder von seiner Kompetenz gemäß Kapitel VII der UN-Charta Gebrauch und schafft ein weiteres internationales Kriegsverbrechertribunal (Kamardi 2009:37; Arnold 1999:141). Einerseits wird hierbei auf die bei der Schaffung des ICTY gewonnenen Erkenntnisse aufgebaut, andererseits wird das Völkerstrafrecht weiterentwickelt (Kamardi 2009:37; Stroh 2002:19). Trotz der sehr ähnlichen Statuten handelt es sich beim ICTR um ein eigenständiges, vom ICTY unabhängiges Tribunal (ebd. 21). Bei beiden Gerichtshöfen treten im Gegensatz zu den Prozessen in Nürnberg oder Tokio nach dem Zweiten Weltkrieg nicht die Siegermächte, sondern die internationale Staatengemeinschaft insgesamt als Ankläger auf (Aberle 2001). Gemein ist ihnen auch, dass sie Einzelpersonen, nicht aber Staaten oder Organisationen verurteilen können (Stroh 2002:23). Im Unterschied zum Jugoslawien-Konflikt, der zumindest teilweise internationalen Charakter besitzt, wird der Konflikt in Ruanda von Anfang an als innerstaatlich klassifiziert. Die Entscheidung, auch solche nationalen Verletzungen des humanitären Völkerrechts zu ahnden, stellt eine der wesentlichen Weiterentwicklungen des Völkerstrafrechts dar.[41]

3.2 Divergenzen hinsichtlich der Zuständigkeit des ICTR

Bevor das ICTR errichtet werden kann, muss zunächst einmal seine Zuständigkeit geklärt werden. Es zeigt sich, dass die UNO und Ruanda in vielen Punkten gegensätzliche Ansichten vertreten, was der Zusammenarbeit zwischen ICTR und Ruanda von vorneherein schadet.

Die personenbezogene und territoriale Zuständigkeit des ICTR, die *ratione personae* et *ratione loci*, umfasst neben dem ruandischen Staatsgebiet auch das der Nachbarländer, also beispielsweise Flüchtlingslager in der heutigen Demokratischen Republik Kongo, sofern dort Straftaten von ruandischen Tätern verübt wurden (Stroh 2002:19; Arnold 1999:136). Ziel des ICTR ist

[41] Vgl. Stroh 2002:24 f.; Kamardi 2009:38; Roggemann 1998:159 f.

es vor allem, die Drahtzieher des Genozids zu verurteilen, auch wenn diese selbst keine Morde begingen, sondern lediglich dazu anstifteten (Gillet 1995:257 f.). Das ICTR ist also nur als Ergänzung zur nationalen Gerichtsbarkeit zu sehen (Arnold 1999:133). Es soll der Wahrung und Wiederherstellung des Friedens dienen und einen Beitrag zur nationalen Versöhnung leisten (Arnold 1999:141).

Fast alle Staaten sind direkt oder indirekt an der Schaffung des ICTR beteiligt (Stroh 2002:26). Bei der Abstimmung im Weltsicherheitsrat enthält sich China, doch nur Ruanda stimmt als einziger Staat gegen seine Errichtung (ebd. 19 f.; Arnold 1999:131). Dabei befürwortete Ruanda, anders als im Fall des ICTY, seine Schaffung zunächst ausdrücklich und wirkte an der Ausarbeitung des Statuts mit.[42]

Ein Grund hierfür ist, dass es Uneinigkeit über die zeitliche Zuständigkeit, die *ratione temporis*, des Gerichts gibt: Ruanda fordert, dass diese am 1. Oktober 1990 beginnt, da es schon seit diesem Datum zahlreiche Verletzungen des Völkerrechts gab und der Genozid vorbereitet wurde, und am 17. Juli 1994 mit der Eroberung Kigalis durch die RPF endet.[43] Ruanda befürchtet einerseits, dass viele Täter, die an der Planung der Massaker beteiligt waren, ungestraft bleiben würden, und andererseits, dass auch Mitglieder der RPF, also zum Beispiel Kagame selbst, angeklagt würden, da sie in Racheakten gegen die Hutu ebenfalls Völkerrechtsverletzungen begingen (Stroh 2002:19). Die UNO setzt jedoch die *ratione temporis* auf den Zeitraum vom 1. Januar 1994 bis zum 31. Dezember 1994 fest (Gillet 1995:257; Stroh 2002:19). Alle außerhalb dieses Zeitraums begangenen Verbrechen fallen in die Zuständigkeit der nationalen Gerichte Ruandas.

Ein weiterer Streitpunkt ist der Sitz des Gerichtshofs. Ruanda stimmt für seine Hauptstadt Kigali, da das Gericht dort am sichtbarsten für die Bevölkerung wäre.[44] Der Sicherheitsrat jedoch lehnt Ruanda wegen Bedenken bezüglich Sicherheit und Neutralität ab (UN 7; Stroh 2002:21). Für die Anfangsphase dient Den Haag als Sitz, langfristig soll jedoch ein geeignetes afrikanisches Land gefunden werden, weil das Gericht so dem Tatort, den Zeugen und Opfern näher wäre (ebd.; UN 7). Am 22. Mai 1995 schließlich bestimmt der Sicherheitsrat durch die Resolution 977 Arusha in Tansania als Hauptsitz des ICTR, untergeordnete Sitze werden in Den Haag (Berufungskammer), New York und Kigali (Anklagebüro) eingerichtet.[45] Für Arusha spricht auch die symbolische Bedeutung als dem Ort, an

---

[42] Vgl. Arnold 1999:130; Stroh 2002:19 f.; Knoops 2003, zit. in Kamardi 2009:38.

[43] Vgl. Arnold 1999:134 f.; Stroh 2002:19; Kamardi 2009:38.

[44] Vgl. Arnold 1999:130; Stroh 2002:20; UN 7.

[45] Vgl. UN 7; Stroh 2002:21; Brockhaus 1.

dem einst die Friedensverhandlungen für Ruanda geführt wurden (Aberle 2001).
Ruanda kritisiert außerdem, dass das Statut des ICTR im Gegensatz zum ruandischen Recht die Todesstrafe ausschließt.[46] Die Befürchtung ist, dass die Haupttäter eine lebenslange Haftstrafe in einem den Menschenrechtskonventionen entsprechenden Gefängnis verbüßen würden, während andere für geringere Vergehen ihre Haftzeit unter menschenunwürdigen Bedingungen in ruandischen Gefängnissen verbringen oder gar zum Tode verurteilt werden würden (Stroh 2002:20; Arnold 1999:144 f.). Diese Bedenken sind berechtigt: Im April 1998 werden in Ruanda die ersten Todesurteile gegen Kriegsverbrecher vollstreckt (ebd. 145).
Weiterhin beanstandet Ruanda, dass am ICTR keine ruandischen Richter, wohl aber Richter aus Staaten, die in irgendeiner Weise in den ruandischen Bürgerkrieg involviert waren, arbeiten dürfen (Stroh 2002:20). Ebenso missfällt Ruanda, dass sich die sachliche Zuständigkeit, die *ratione materiae*, nicht nur auf den Tatbestand des Genozids beschränkt, sondern auch schwere Verstöße gegen die vier Genfer Abkommen von 1949 sowie Verbrechen gegen die Menschlichkeit umfasst.[47]
Neben Ruanda sehen es auch andere Staaten als problematisch an, dass zum Zeitpunkt der Errichtung des ICTR der Bürgerkrieg in Ruanda bereits offiziell beendet ist. Da sich jedoch auch Monate nach der Machtübernahme der RPF vier Millionen Menschen auf der Flucht vor Vergeltungsaktionen und Gewalttaten befinden, ist eine Gefährdung der internationalen Sicherheit gegeben und somit die Errichtung des ICTR gerechtfertigt (Stroh 2002:45).
Trotz aller Unstimmigkeiten erklärt sich die ruandische Regierung schließlich zu einer Zusammenarbeit mit dem ICTR bereit (Arnold 1999:130). In den folgenden Jahren stellt sich diese jedoch als schwierig heraus (Brockhaus 6). Nachdem 1999 die Anklage gegen einen hochrangigen Mitarbeiter der ehemaligen Hutu-Regierung fallen gelassen wurde, setzt Ruanda sogar jegliche Kooperation mit dem ICTR aus (*Rwanda Country Review* 2007).
Aufgrund dieser Divergenzen steht die Zusammenarbeit zwischen Ruanda und dem ICTR von Anfang an unter keinem guten Stern. Weitere Ursachen für dieses schlechte Verhältnis, welche die Thematik des Dolmetschens betreffen, werden in Kapitel 4.10.2 behandelt.

---

[46] Vgl. Knoops 2003, zit. in Kamardi 2009:38; Stroh 2002:20; Arnold 1999:130.
[47] Vgl. Knoops 2003, zit. in Kamardi 2009:38; Stroh 2002:20; Arnold 1999:130; Roggemann 1998:159; Gillet 1995:257.

3.3 Aufbau und Funktionsweise des ICTR

Im Aufbau ähnelt das ICTR sehr dem ICTY. Es besteht aus drei großen Bereichen: Erstens gibt es die Kammern – zunächst zwei, später drei erstinstanzliche Strafkammern sowie eine Berufungskammer –, zweitens die Anklagebehörde, die für die Ermittlungen und die Vorbereitung der Anklagen zuständig ist, und drittens die Kanzlei, die Verwaltungsangelegenheiten wahrnimmt und sowohl die Kammern als auch die Anklagebehörde in ihrer Arbeit unterstützt (Combs 2002:62; Stroh 2002:22; UN 7). Um Kosten zu sparen und eine einheitliche Rechtsprechung zu gewährleisten, ist die Berufungskammer des ICTR mit der des ICTY identisch.[48] Aus den gleichen Gründen teilen sich beide Gerichte bis September 2003 auch eine Anklagebehörde.[49] Die Verfahrens- und Beweismittelordnungen der Tribunale stimmen ebenfalls weitgehend überein.[50] Gemäß der Internetseite des ICTR sind im Jahr 2010 an den vier Standorten des Gerichts insgesamt 693 Mitarbeiter aus 77 Ländern beschäftigt (ICTR 26).

Die Arbeit des ICTR läuft zunächst nur schleppend an. Der südafrikanische Richter Richard Goldstone, der bereits für das ICTY tätig war, wird Hauptankläger und kommt im Dezember 1994 zum ersten Mal nach Ruanda (UN 7; Friedli 1996; Bouchet-Saulnier 1995:301). Mit der Einsetzung einer Untersuchungseinheit beginnen im März 1995, fast ein Jahr nach Ausbruch der Massaker, die ersten internationalen Untersuchungen (ebd.). Im Juni 1995 werden die 126 Artikel der *Rules of Procedure and Evidence,* der Verfahrens- und Beweismittelordnung, verabschiedet und die Richter halten ihre erste Plenarsitzung ab, allerdings noch in Den Haag. Als Behörde nimmt das Gericht im November 1995 seine Arbeit auf, das erste Verfahren beginnt erst 1997 (Møse 2005:920; Paul 2006:39). Das erste Urteil wird am 2. September 1998 gegen Jean Paul Akayesu gefällt (ebd.). Es ist das erste Mal, dass ein internationales Gericht eine Person wegen Genozids verurteilt (Aberle 2001).

Im Jahr 2003 entwickelt das ICTR die so genannte *Completion Strategy*, die Jahr für Jahr aktualisiert wird. In dieser sind folgende Ziele festgelegt: Bis zum Ende des Jahres 2004 sollten alle Ermittlungen, bis Ende 2008 alle Verfahren auf erstinstanzlicher Ebene und bis zum Ende des Jahres 2010 schließlich auch alle Berufungsverfahren abgeschlossen sein (ICTR 28 2010:4). Diesen Zeitrahmen konnte das ICTR jedoch nicht einhalten. Im

---

[48] Vgl. Brockhaus 1; Arnold 1999:129; Kamardi 2009:39.

[49] Vgl. Brockhaus 1; Stroh 2002:22; Combs 2002:62.

[50] Vgl. Abrams/Ratner 1997, zit. in Combs 2002:62; Kamardi 2009:39.

Jahr 2010 laufen immer noch einige erstinstanzliche Verfahren und sechs Verfahren werden sogar erst im Jahr 2011 abgeschlossen sein (ICTR 28 2010:4).

3.4 Auswirkungen der kulturellen und sprachlichen Vielfalt

Kritiker des ICTR bemängeln oftmals dessen Langsamkeit und Ineffizienz bei gleichzeitig hohen Kosten. Die Zahl der potenziellen Schuldigen am Völkermord in Ruanda geht in die Zehntausende. Das ICTR hat es sich zwar zur Aufgabe gemacht, nur die Haupttäter, also die Drahtzieher zur Rechenschaft zu ziehen, aber selbst dies scheint nicht machbar: Der *Spiegel* zitiert bereits 2007 einen Sprecher des Tribunals: „Wir versuchen, insgesamt 17 Verfahren nach Ruanda zu delegieren, denn wir können die Arbeit nicht mehr bewältigen" (O. V., Spiegel online 2007). Bei genauerer Betrachtung wird deutlich, dass einige der Gründe hierfür als hausgemacht angesehen werden können und andere wiederum als gegeben hingenommen werden müssen. Eine umfassende Analyse und Bewertung der Arbeitsweise des ICTR ist jedoch nicht Gegenstand dieser Arbeit. An dieser Stelle soll nur ein Überblick gegeben und auf einige Aspekte eingegangen werden, die in Zusammenhang mit dem internationalen und interkulturellen Charakter des Gerichts und der Sprachenvielfalt stehen.

Das ICTR hat mit viel erheblicheren Problemen zu kämpfen als sein Schwestertribunal, das ICTY, dessen Sitz sich in Den Haag befindet. Denn selbst an einer derart hochrangigen Institution wie dem ICTR ist die Marginalisierung Afrikas deutlich zu spüren (Grill 2002). Das ICTR ist das erste internationale Gericht mit Sitz in einem afrikanischen Entwicklungsland, weshalb seine Errichtung von einer Vielzahl ungewohnter Schwierigkeiten begleitet wird. Tansania mag zwar im Vergleich zu Ruanda oder Kenia die bessere Standortwahl darstellen, dennoch birgt auch das tansanische Arusha als Sitz viele Nachteile. Zahlreiche Probleme resultieren aus der mangelhaften Infrastruktur und der räumlichen und technischen Ausstattung in Arusha. Das ICTR wird im *International Conference Centre* der Stadt untergebracht, das zunächst natürlich nicht an die Bedürfnisse eines Gerichts angepasst ist. Auch gibt es kein internationalen Standards entsprechendes Untersuchungsgefängnis (ICTR 5 2002). Grundlegende Voraussetzungen wie eine gute materielle Ausstattung, intakte Telefonleitungen oder eine zuverlässige Stromversorgung sind anfangs nicht erfüllt (Grill 2002). In den Folgejahren nach der Errichtung des ICTR gelingt es nicht, all diese Mängel gänzlich zu beheben, weshalb sie weiterhin einen Grund für die langsamen Fortschritte des Gerichts darstellen.

Hinzu kommen vielfältige Faktoren, welche die Verfahren am ICTR von denen an einem nationalen Gericht unterscheiden. Hierzu gehören unter anderem die immense Komplexität der zu verhandelnden Fälle und die gewaltigen Datenmengen, die im Laufe eines Gerichtsverfahrens entstehen und die oftmals in beide, mindestens jedoch in eine der Arbeitssprachen des Gerichts übersetzt werden müssen: „[...] [C]onsiderable time is expended in reproduction and translation of massive case files, which include thousands of pages of documents, books, journals, photographs, maps, audio and video cassettes“ (ICTR 19 2001:8).
Ein weiteres Hindernis, das die Wahrheitsfindung vor Gericht erschwert, ergibt sich daraus, dass zu den Verbrechen, anders als zum Beispiel bei den Nürnberger Prozessen, relativ wenige schriftliche Dokumente vorliegen, welche die Täter belasten würden (Grill 2002). Als Beweise dienen meist mündliche Aussagen, die jedoch, je länger der Tatzeitpunkt zurückliegt, immer ungenauer werden (ebd.). Bei diesen mündlichen Aussagen kommen natürlich auch die mit dem Dolmetschen einhergehenden Einschränkungen voll zum Tragen, sei es nun bei der Erstbefragung in Ruanda oder direkt vor Gericht. Die Verdolmetschungen der Zeugenaussagen müssen zunächst mitstenografiert, dann transkribiert und schließlich schriftlich übersetzt werden.
Auch die Zahl der zu befragenden Zeugen übersteigt die eines „normalen“ Gerichtsverfahrens bei weitem. Bis zum Jahr 2006 wurden bereits 1.500 Personen angehört (*Hirondelle* 10 2006). Bei solchen Befragungen ist eine Verdolmetschung in die Sprachen Englisch, Französisch und Kinyaruanda erforderlich (Møse 2005:930 f.). Die Überwindung dieser Sprachbarrieren kostet das Gericht sehr viel Zeit, wie auch ein ehemaliger Präsident des ICTR einräumt:

> The interpretation of trial proceedings into three languages [...] together with cultural and linguistic nuances and unique characteristics associated with understanding questions in Kinyarwanda, cause trial proceedings to double or treble the time required, compared with trials conducted in one language [...].
> (ICTR 21 2002)

Des Weiteren kommt erschwerend hinzu, dass die oft traumatisierten Zeugen nicht in Tansania, sondern in Ruanda leben oder gar in andere Länder flüchteten und es für sie außerdem mit großer Gefahr verbunden ist, vor dem ICTR auszusagen. Häufig müssen sie unbemerkt von ihrem Umfeld in verdeckten Operationen nach Arusha eskortiert werden. Allein bis zum Jahr 2001 sagten 400 Zeugen aus zwei Dutzend Ländern vor dem ICTR aus (Grill 2002). Für den Zeugenschutz wurde deshalb eigens eine

Abteilung eingerichtet. Für die Verteidiger der Angeklagten gilt ebenfalls meist, dass sie nicht in Arusha ansässig sind, sondern für die Verhandlungstage aus anderen Ländern anreisen müssen, was das Gericht ebenfalls Zeit kostet.

Auch aufgrund der unterschiedlichen sprachlichen und kulturellen Herkunft der Mitarbeiter des ICTR kann eine effiziente Kommunikation nur unter erhöhtem Aufwand gewährleistet werden.[51] Hinzu kommt, dass es die Regeln eines internationalen Gerichtshofes wie dem ICTR verlangen, dass jeder Richter aus einem anderen Land stammt, was zu einer überaus komplexen sprachlichen und kulturellen Durchmischung führt (ICTR 23).

Trotz seiner fast 700 Mitarbeiter klagt das ICTR über Personalmangel (Grill 2002). Der Sprachendienst ist hiervon in besonderem Maße betroffen. Die Folgen sind lange Wartezeiten, Verzögerungen und Leerlauf (vgl. Kapitel 4.1.3 und 4.1.4).

[51] Die Ausführungen dieses Absatzes basieren auf Møse 2005:928; Grill 2002.

4 Dolmetschen am ICTR

4.1 Der Sprachendienst

4.1.1 Sprachenregelung am ICTR

Zum Thema Sprachen am ICTR gibt Artikel 3 der Verfahrens- und Beweismittelordnung Auskunft: Die Arbeitssprachen des Gerichts sind Englisch und Französisch. Personen, die vor dem Gericht aussagen und keiner dieser Sprachen mächtig sind, haben das Recht, sich in ihrer eigenen Sprache zu äußern. Es obliegt der Kanzlei, sich um die Organisation der Übersetzungs- und Dolmetschdienste zu kümmern. Wenn erforderlich, kann der Richter auch dem Anwalt des Angeklagten die Erlaubnis geben, sich einer anderen Sprache zu bedienen, wobei das Gericht in einem solchen Falle die Kosten für Verdolmetschung und Übersetzung übernimmt.[52]

Wie auch beim ICTY wurden am ICTR mit Englisch und Französisch zwei Weltsprachen als Arbeitssprachen gewählt. In der Realität beschränkt sich die sprachliche Vielfalt der Gerichte jedoch keineswegs auf diese beiden Sprachen. Die aus den unterschiedlichsten Ländern stammenden Mitarbeiter beherrschen zwar mindestens entweder Englisch oder Französisch, doch das oft auch nur als Fremdsprache. Die Angeklagten und Zeugen, die vor Gericht aussagen, sind hingegen meistens weder mit Englisch noch mit Französisch vertraut. Im Falle des ICTR spricht die überwiegende Mehrheit der Zeugen ausschließlich Kinyaruanda. Zwar war Französisch bereits vor 1994 neben Kinyaruanda offizielle Landessprache, dennoch wird es nur von einem sehr geringen Prozentsatz der Bevölkerung gesprochen (Gasarabwé 1992:228). Kinyaruanda ist zwar keine der offiziellen Arbeitssprachen, aber dennoch als Ausgangssprache fast aller Aussagen der Zeugen sowie der Angeklagten von überragender Bedeutung und unabdingbar für das Funktionieren des Gerichts.

Dem Übersetzen und Dolmetschen kommt deshalb am ICTR eine ganz besondere Bedeutung zu, wenn es darum geht, das Recht des Angeklagten auf einen fairen Prozess zu wahren. Dem trägt das ICTR Rechnung, indem es die notwendigen Übersetzungs- und Dolmetschdienste bereitstellt. Aus diesem Grund gibt es am ICTR eigens einen Sprachendienst, dem ein ganzer Stab an Übersetzern, Dolmetschern und Fremdsprachenassistenten

[52] Die Ausführungen dieses Absatzes basieren auf ICTR 16 2008:3.

angehört. Von dessen Effizienz hängt maßgeblich die Effizienz des gesamten Gerichts ab. Darum wird die Funktionsweise des Sprachendienstes im folgenden Kapitel zunächst erläutert. Anschließend werden Schwierigkeiten, aber auch Entwicklungen und Fortschritte innerhalb des Sprachendienstes aufgezeigt.
Vorab anzumerken ist, dass das ICTY seinen Sprachendienst und dessen Arbeitsweise auf seiner Internetseite allgemeinverständlich für die Öffentlichkeit vorstellt (ICTY Translation). Das ICTR hingegen widmet seinem Sprachendienst im Internet keine eigene Rubrik. Dies ist insofern bedauerlich, als dass die Tätigkeit der Sprachmittler, die von elementarer Bedeutung für das Gericht ist, so für die Öffentlichkeit unsichtbar bleibt.

4.1.2 Aufbau und allgemeine Arbeitsbedingungen

Dem Sprachendienst gehören neben Dolmetschern auch Übersetzer und weiteres Personal an. Sie alle unterstehen dem Leiter des Sprachendienstes. Da der Fokus dieser Arbeit jedoch auf dem Dolmetschen liegt, werden lediglich einzelne Aspekte des Übersetzens an gegebener Stelle erläutert. Gemäß einem Bericht der *Hirondelle News Agency Arusha* aus dem Jahr 2006 beschäftigt das ICTR mehr als 50 Übersetzer und Dolmetscher (*Hirondelle* 10 2006). Genauere Zahlen sind nicht verfügbar.
Anfangs unterstützt der Sprachendienst vorrangig die Anklagebehörde des ICTR. Innerhalb der Anklagebehörde gibt es die Ermittlungsabteilung, deren Aufgabe das Sammeln von Beweismaterial und Zeugenaussagen in Ruanda selbst ist (ICTR 27). Ihr Sitz befindet sich in Kigali. Von dort aus begeben sich Teams bestehend aus mehreren Ermittlern, einem ruandischen Dolmetscher und einem Fahrer an die Tatorte in Ruanda, um Nachforschungen anzustellen, Zeugen zu befragen und Massengräber forensisch zu untersuchen (UN 8 1996:6). Meist sind diese Teams dazu fünf bis zehn Tage unterwegs, zur Untersuchung von Massengräbern können jedoch auch Aufenthalte von bis zu zwei Monaten erforderlich sein (UN 8 1996:9). Die ruandischen Dolmetscher ermöglichen die Kommunikation mit kinyaruandasprachigen Zeugen.
Leider sind keine Informationen darüber zu finden, nach welchen Kriterien diese Dolmetscher ausgewählt werden, ob sie zum Beispiel über eine Art Mindestqualifikation verfügen müssen oder ob für sie sogar die gleichen Bedingungen wie für die direkt am Gericht arbeitenden Dolmetscher gelten (vgl. Kapitel 4.1.3).
Nach der Befragung durch die Dolmetscher sorgen Übersetzer dafür, dass die Zeugenaussagen wie auch die übrigen Gerichtsdokumente in nicht nur einer Arbeitssprache, sondern in beiden Arbeitssprachen vorliegen (ICTR

17 1997:19). Auf diese Weise werden mithilfe der Dolmetscher die ersten Aussagen gesammelt, die dann später vor Gericht als Beweise verwendet werden. Diese Aussagen sind während der erneuten Befragung der Zeugen im Gerichtssaal oftmals Gegenstand hitziger Debatten, wobei Unstimmigkeiten häufig den Dolmetschern angelastet werden (vgl. Kapitel 4.4.7).
Einzelne Aspekte der Tätigkeit der Dolmetscher in Ruanda werden im Rahmen verschiedener Kapitel dieser Arbeit genauer behandelt, da eine solche Zuordnung zu anderen thematischen Schwerpunkten am sinnvollsten ist (vgl. Kapitel 4.4, 4.8, 4.9).
Im Herbst 1996 wird der Sprachendienst dann nach Arusha verlagert, um auch den im Rahmen der Gerichtsverfahren anfallenden Bedarf an Übersetzungen und Verdolmetschungen zwischen Englisch und Französisch wie auch zwischen Kinyaruanda und den beiden Arbeitssprachen zu decken (ICTR 17 1997:19). Diese Dienste werden neben der Anklagebehörde von da an auch von den Kammern und den Verteidigern der Anklage im Rahmen formeller sowie informeller Anlässe in Anspruch genommen (ebd.). Zu den Aufgaben der Sprachmittler gehört nun auch das Übersetzen von Video- und Tonbandaufnahmen, die regelmäßig bei der Anklagebehörde als Beweismaterial eingehen (UN 8 1996:8).
Anfangs wird in den Gerichtssälen in allen Sprachenkombinationen mit Kinyaruanda ausschließlich konsekutiv gedolmetscht (ICTR 5 2002; Alderman 2005, zit. in Karton 2008). Zunächst ist auch nur eine Verdolmetschung zwischen Kinyaruanda und Französisch möglich, das dann wiederum als Relaissprache für die englische Kabine dient (ebd.; ICTR 22 2006). Dieses Verfahren birgt ein sehr hohes Fehlerpotenzial und ist gerade im Konsekutivmodus auch extrem zeitraubend. Simultandolmetschen wird erst später eingeführt. Genauere Informationen zu den einzelnen Dolmetschmodi finden sich in Kapitel 4.3.
Die Gerichtsdolmetscher des ICTR dolmetschen jede Woche sieben oder in Ausnahmefällen acht Verhandlungen, die üblicherweise jeweils nicht länger als drei Stunden dauern (UN 2 2009). Sie arbeiten von 9:00 bis 17:30 Uhr mit ausreichend Pausen (einstündige Mittagspause und zwei halbstündige Pausen) (Umfrage Antwort 1). Diese Regelung ist sehr sinnvoll und vor allem beim Gerichtsdolmetschen, bei dem Fehler zu schwerwiegenden Fehlentscheidungen führen können, absolut notwendig, denn nur ein ausgeruhter Dolmetscher kann optimale Leistungen erbringen. Nicht immer, aber in den meisten Fällen erhalten die Dolmetscher lange im Voraus Vorbereitungsmaterial (Umfrage Antwort 1) (vgl. Kapitel 4.5.4). Aufgaben neben dem Dolmetschen umfassen Übersetzungen, Korrektur-

lesen, das Transkribieren von Tonmaterial und die Tätigkeit des Teamleiters (Umfrage Antwort 1; UN 2 2009).

4.1.3 Personalmangel und Einstellungskriterien

Vor allem in den ersten Jahren besteht eine große Schwierigkeit für das ICTR darin, qualifiziertes Personal für den Sprachendienst zu finden, zumal der Bedarf an Sprachmittlung mit der Eröffnung von immer mehr Verfahren steigt (ICTR 17 1997:19). Dolmetschen und Übersetzen im juristischen Kontext erfordert ein Höchstmaß an Genauigkeit und auch Fachkenntnisse. Aus diesem Grund gibt es bereits für die Sprachenkombination Englisch und Französisch nur eine begrenzte Zahl an geeigneten Kandidaten. Für Kombinationen mit der seltenen Sprache Kinyaruanda ist es praktisch nicht möglich, Bewerber mit entsprechendem Profil zu finden, zumal die meisten Dolmetscher und Übersetzer aus Ruanda entweder während des Völkermords getötet wurden oder in andere Länder flohen (ICTR 11 2009:39).

Aus Mangel an Alternativen und aus Zeitdruck werden deshalb zunächst zweisprachige Ruander als Dolmetscher angestellt, die jedoch, wie sich sehr bald herausstellt, weder über eine entsprechende Ausbildung noch über die für das Gerichtsdolmetschen notwendigen Kenntnisse verfügen (ebd.). Eine zweisprachig aufgewachsene Person ist nicht automatisch in der Lage zu dolmetschen, denn Sprachkundigkeit alleine reicht für den Beruf des Dolmetschers nicht aus (Lankisch 2004:50). Vielmehr müssen spezielle Techniken für das Simultandolmetschen oder Notizentechnik für das Konsekutivdolmetschen und vieles mehr beherrscht werden. Für das Gerichtsdolmetschen kommen noch spezifische Fachkenntnisse hinzu. Wenn diese Kriterien bei der Auswahl der Dolmetscher nicht berücksichtigt werden, sind mangelhafte Dolmetschleistungen zwangsläufig das Ergebnis. Diese Erfahrung machte die UNO bereits bei Missionen im ehemaligen Jugoslawien: „Some of the [...] interpreters who had been hastily recruited [...] were dismissed because of their poor linguistic ability. [...] [There were] instances of deliberate misinterpretation. Usually this was carried out through either exaggerating or attenuating the source discourse" (Dragovic-Drouet 2007:37).

Am ICTR ist man sich der Tatsache bewusst, dass der Ausgang eines Gerichtsverfahrens unter anderem von der Qualität der Dokumentation der Gerichtsverhandlungen in allen drei Sprachen abhängt (ICTR 17 1997:19). Um den Mängeln entgegenzuwirken, werden spezielle Fortbildungen für die Dolmetscher organisiert (vgl. Kapitel 4.1.4, 4.2.2, 4.3.2).

Im Folgenden werden die Besetzung der Dolmetscherstellen für Kinyaruanda und die – zumindest theoretisch geltenden – Auswahlkriterien hierfür genauer untersucht. Wie weit Anspruch und Wirklichkeit auseinanderklaffen, kann ohne Zugang zu internen Informationen nicht festgestellt werden. Objektiv betrachtet ist es allerdings höchst unwahrscheinlich, dass das ICTR bei der Auswahl der Dolmetscher seinen eigenen Ansprüchen immer gerecht werden kann. Die bereits erwähnten Fortbildungsmaßnahmen stellen jedenfalls mit Sicherheit eine überaus sinnvolle Maßnahme dar.

Aus Stellenausschreibungen aus dem Jahr 2010 wird ersichtlich, welche Anforderungen in Bezug auf die Qualifikation an die Dolmetscher gestellt werden. Beim Studieren solcher Anzeigen des ICTR für alle Sprachenkombinationen fällt zunächst auf, dass die Bezeichnung für Übersetzerstellen immer „Translator" lautet, für Dolmetscherstellen hingegen „Interpreter/Translator".[53] Dies ist darauf zurückzuführen, dass von den Dolmetschern erwartet wird, bei Bedarf auch Übersetzungen anzufertigen (umgekehrt von den Übersetzern aber keine Dolmetschleistungen verlangt werden), obwohl von Bewerbern auf Übersetzerstellen eigentlich eine längere Arbeitserfahrung gefordert wird und die sehr detaillierte Aufgabenbeschreibung – detaillierter als bei den Dolmetschern – auf eine überaus anspruchsvolle Tätigkeit schließen lässt.[54] Der Einsatz von Dolmetschern als Übersetzer ist insofern kritisch zu bewerten, als dass ein guter, speziell ausgebildeter Dolmetscher nicht zwangsläufig ein ebenso fähiger Übersetzer ist, da es sich hierbei um zwei grundverschiedene Translationstechniken handelt. Ob die notwendigen Fertigkeiten vorhanden sind, sollte daher besser individuell festgestellt werden.

Als Qualifikation fordert das ICTR von Bewerbern aller Sprachenkombinationen einen Universitätsabschluss in der entsprechenden Sprache oder in Jura und zusätzlich eine abgeschlossene Dolmetscherausbildung an einer Universität oder einer anderen anerkannten Dolmetscherausbildungsstätte (UN 2 2009). Außerdem muss der Einstellungstest des ICTR für Dolmetscher und Übersetzer erfolgreich absolviert werden (ebd.). Über den Aufbau und die Inhalte dieser Prüfung liegen keine Informationen vor. Von Kinyaruanda-Dolmetschern werden zudem mindestens fünf Jahre Arbeitserfahrung in einer internationalen Organisation verlangt (für Kombinationen mit Englisch und Französisch

[53] Vgl. UN 2 2009; UN 3 2009; UN 4 2009; UN 1 2009.
[54] Vgl. UN 1 2009; UN 2 2009; Umfrage Antwort 1.

sind es nur drei Jahre) (ebd.; UN 3 2009). Es ist offensichtlich, dass diese notwendiger Weise sehr hohen Ansprüche an zukünftige Dolmetscher nur von einer sehr geringen Zahl an Bewerbern erfüllt werden können, da unter anderem Dolmetschen mit Kinyaruanda in der Sprachenkombination außerhalb von Ruanda nicht an Universitäten oder anderen Ausbildungsstätten angeboten wird.

Aus den Anzeigen geht hervor, dass Dolmetscher für Englisch und Französisch ausschließlich in ihre Muttersprache dolmetschen oder übersetzen (UN 2 2009; UN 4 2009). Bei den Sprachenkombinationen Kinyaruanda-Französisch und Kinyaruanda-Englisch hingegen müssen die Dolmetscher beide Richtungen bedienen. Dies ist sehr wahrscheinlich damit zu erklären, dass Kinyaruanda eine „exotische" Sprache ist, die normalerweise nicht als Fremdsprache gelehrt wird. Deshalb kommen für eine Dolmetschertätigkeit von vorneherein nur Kinyaruanda-Muttersprachler in Frage, die entweder bilingual sind oder über exzellente Fremdsprachenkenntnisse verfügen.

Die Stellenausschreibungen für Dolmetscher des ICTR und des ICTY sind sehr ähnlich. Bei denen des Jugoslawien-Tribunals fällt jedoch folgender Satz ins Auge: „Le titulaire du poste doit [...] avoir l'agilité, la précision et l'énergie nécessaires pour affronter [...] aussi la charge émotionnelle des témoignages de victimes de guerre" (UN 5 2007). Beim ICTR gibt es keinen Hinweis dieser Art auf die psychischen Belastungen, die mit dem Dolmetschen von Aussagen von Völkermordüberlebenden und Vergewaltigungsopfern verbunden sind. Diese sind jedoch ganz erheblich und sollten deshalb in einer Stellenanzeige erwähnt werden (vgl. Kapitel 4.9).

Bei der Auswahl von Gerichtsdolmetschern müssen unter Umständen auch persönliche Faktoren wie die politische, nationale oder religiöse Zugehörigkeit berücksichtigt werden. Lankisch erklärt, dies bedeute jedoch nicht, dass ein Dolmetscher aufgrund einer solchen Zugehörigkeit per se parteiisch sei und deshalb absichtlich falsch dolmetsche (Lankisch 2004:56). Eine Gefahr ginge viel eher von unbewussten Fehlern oder Verzerrungen aus (ebd.). Auf Ruanda bezogen wäre vor allem die „ethnische" Zugehörigkeit zu den Hutu oder Tutsi ein wichtiges Kriterium. Über öffentlich zugängliche Dokumente des ICTR ist nichts darüber herauszufinden, ob das ICTR dies bei der Wahl seiner Dolmetscher berücksichtigt. Aussagen der Verteidigung legen lediglich den Schluss nahe, dass die Dolmetscher mit überwiegender Mehrheit Tutsi sind (PJRD 26 2005:4). In Kapitel 4.4.4 wird dieses Problem der „ethnischen" Zugehörigkeit näher beleuchtet.

Die Doktorarbeit von Lee Ann Fujii, im Rahmen derer mithilfe einer Dolmetscherin Überlebende des Völkermords befragt wurden, liefert hilfreiche Anregungen bezüglich der Kriterien, die im ruandischen Kontext einen optimalen Dolmetscher und gleichzeitig Kulturmittler auszeichnen: Zunächst sollte die äußere Erscheinung die „ethnische" Zugehörigkeit nicht „verraten".[55] Außerdem sollte der Dolmetscher selbst Überlebender des Völkermords sein und nicht erst später aus dem Ausland zurückgekehrt sein, denn dann wäre er anhand seines Verhaltens, seiner Sprache und seines Hintergrundwissens als solcher identifizierbar. Des Weiteren sollte der Dolmetscher weiblich sein, da sich beide Geschlechter einer Frau im Gespräch über emotional belastende Erfahrungen leichter öffnen.[56]
Die hier genannten Kriterien wären durchaus auch sinnvoll für das ICTR. Zwar betont das ICTR, dass mit der Kultur Ruandas vertraute Kandidaten bevorzugt eingestellt werden, doch eine ausdrückliche Unterscheidung zwischen Überlebenden des Völkermords und Rückkehrern wird nicht gemacht:

> [...] [I]n filling certain occupation groups such as interpreters (Kinyarwanda) and bilingual secretaries (Kinyarwanda), preference is being given to candidates within the region who are familiar with the cultural background and the environment in which genocide took place.
> (ICTR 8)

Die in diesem Kapitel beschriebenen Schwierigkeiten, ausreichend qualifizierte Sprachmittler zu finden, haben eine Überlastung des Sprachendienstes zur Folge, wie im folgenden Kapitel dargestellt wird.

4.1.4 Überlastung des Sprachendienstes

Oft kommt es am ICTR zu Verzögerungen, da Fristen nicht eingehalten werden. Hierfür gibt es mehrere Gründe. Manchmal kann eine Verhandlung nicht stattfinden, weil kein Dolmetscher zur Verfügung steht. So zum Beispiel 2001, als eine Verhandlung vertagt werden muss, weil dem Dolmetscher der Verteidigung aufgrund von Visumproblemen die Einreise nach Tansania verwehrt wird und so kurzfristig und vor allem ohne entsprechende Vorbereitung kein anderer Dolmetscher einspringen kann (ICTR 13 2001). Die bereits erwähnten weiten Anreisewege der

[55] Den Tutsi wird unter anderem ein im Vergleich zu den Hutu schlankerer und hochgewachsener Körperbau zugeschrieben. Diese Klischees wurden auch mithilfe der Propaganda in den Medien verbreitet und gefestigt (Corey/Joireman 2004:76; Grünfeld/Huijboom 2007:29; Guillot/Minear 1996:53; Heeger 1998b:22).

[56] Die Ausführungen dieses Absatzes beruhen auf Fujii 2009:32 ff.

Dolmetscher und die damit verbundenen potenziellen Schwierigkeiten sind deshalb eindeutig ein Negativfaktor.
Aufgrund der Sprachbarrieren verzögert sich auch die Urteilsfällung selbst. Die Richter müssen zwar beide Arbeitssprachen des Gerichts beherrschen, doch oftmals sind ihre Kenntnisse in einer der Sprachen nur rudimentär, weshalb sie das Arbeiten in der anderen Sprache vorziehen. Die Entwürfe der sehr umfangreichen Urteile müssen folglich zunächst übersetzt werden, damit überhaupt über sie diskutiert werden kann. Auch ein informeller mündlicher Austausch unter den Juristen über die Fälle gestaltet sich ohne die Hilfe von Simultandolmetschern sehr mühsam und langwierig.[57]
Verzögerungen werden jedoch häufig schlichtweg durch eine Überlastung des Sprachendienstes, insbesondere der Übersetzungsabteilung, verursacht. Dies ist zum Beispiel 1999 der Fall, als ein französischsprachiger Verteidiger die für den nächsten Verhandlungstermin erforderlichen Dokumente erst viel zu spät in Französisch erhält, was die Rechte des Angeklagten auf ausreichende Vorbereitungszeit für seine Verteidiger verletzt (*Hirondelle* 13 1999). Die Verteidigung wirft dem ICTR vor, dass dieses Problem nicht die Ausnahme, sondern vielmehr die Regel sei. Die Ausdrucksweise in dem Artikel der *Hirondelle News Agency Arusha*, der über diesen Fall berichtet, ist zwar ungenau, da hier von „langsamen Übersetzern" statt von einer zu geringen Zahl an Übersetzern gesprochen wird, doch das Grundproblem wird deutlich.
Ein ganz ähnliches Beispiel findet sich in einem Protokoll zum Gerichtsverfahren gegen *Akayesu*:

> C'est hier soir [...] que le Procureur s'est présenté [...] pour nous remettre l'acte d'accusation [...] rédigé en anglais; et c'est ce matin [...] qu'on [me l'a] remis [...] en français. [...] [D]ans ces conditions, je ne peux assurer pleinement la défense de mon client M. AKAYESU [...].
> (PJRD 21 1997:11)

In einem weiteren Gerichtsverfahren wird gar die Gelegenheit einer Berufung verpasst, da der entsprechende Antrag nicht fristgerecht in beiden, sondern nur in einer der Arbeitssprachen des Gerichts vorliegt (Nowrojee 2005:18 f.).
Ein Ansatz des ICTR zur Lösung dieses Problems besteht in der Erhöhung der Mitarbeiterzahl im Sprachendienst, was jedoch aufgrund eines geringen Angebots an qualifizierten Bewerbern nicht einfach zu bewerkstelligen ist (ICTR 15 2004:18; ICTR 7 2006:14). Selbst wenn neue Übersetzer

---

[57] Die Ausführungen dieses Absatzes basieren auf Combs 2002:102.

gefunden werden würden, bräuchten sie Schätzungen zufolge sechs Monate, um den Standard des ICTR zu erreichen (PJRD 1 2008:3).

Eine weitere Maßnahme ist die Beschäftigung freiberuflicher Übersetzer auf Vertragsbasis (ICTR 5 2002). Dies stellt sich aber als keine gute Lösung heraus: Nach kurzer Zeit wird von der Möglichkeit, freiberufliche Übersetzer zu beschäftigen, aufgrund schlechter Erfahrungen wieder Abstand genommen (PJRD 1 2008:3). Vor allem Sprachenkombinationen mit Kinyaruanda stellen ein Problem dar. In einem UN-Dokument aus dem Jahre 2003 heißt es: „Outsourcing is simply not a workable proposition [...] for the simple reason that there is no translation/interpretation training programme offering courses in that language combination" (UN 9 2003:30).

Um speziell die Schwierigkeiten im Zusammenhang mit Kinyaruanda zu überwinden, nehmen die Übersetzer und Dolmetscher für diese Sprache an internen Schulungen des ICTR teil, um die notwendigen Fähigkeiten und Kenntnisse zu erwerben (UN 9 2003:30). Solche internen Weiterbildungen scheinen sich zu bewähren. So werden beispielsweise auch alle Dolmetscher am ICTR, ob sie nun Kinyaruanda in ihrer Sprachenkombination haben oder nicht, in ruandischer Geschichte, Politik und Kultur ausgebildet (Alderman 2005, zit. in Karton 2008). Zu Umfang und Dauer dieser Ausbildung liegen keine Informationen vor. In einem Newsletter aus dem Jahre 2005 wird berichtet, dass das ICTR finanzielle Unterstützung der *Organisation internationale de la Francophonie* zum Erwerb von Übersetzungssoftware und für die Ausbildung von Dolmetschern erhält (ICTR 14 2005:6). Das Kapitel 4.3.2 enthält weitere Angaben speziell zur Ausbildung von Simultandolmetschern.

Ein anderer Ansatz zur Vermeidung von Fristüberschreitungen zielt darauf ab, die gewaltige Menge an zu übersetzenden Daten zu reduzieren und auf diese Weise für eine Entlastung des Sprachendienstes zu sorgen. Es fehlen beispielsweise anfangs Richtlinien für Format, Seitenzahlbegrenzungen und Fristen zur Einreichung von Übersetzungsaufträgen (ICTR 5 2002). Dieser Mangel wird schließlich im Jahr 2002 behoben (ebd.). Außerdem werden im Gerichtssaal viele Schriftstücke einfach mündlich abgehandelt, das heißt, ihr Inhalt wird gedolmetscht oder Stegreif statt schriftlich übersetzt, was eine große Zeitersparnis bedeutet und einen Teil der Arbeit von den Übersetzern auf die Dolmetscher verlagert (ICTR 6 2003:2).

Wie gravierend die Sprachbarrieren am ICTR sein müssen, zeigt sich beispielsweise auch daran, dass für die Untersuchungsgefangenen spezielle Englischkurse eingeführt wurden, um die Kommunikation zwischen ihnen und dem Gericht zu vereinfachen (ICTR 10 1999:20 f.).

Es lässt sich feststellen, dass das ICTR große eigene Anstrengungen unternimmt, um den Problemen im Sprachendienst Herr zu werden.

4.2 Besonderheiten des Gerichtsdolmetschens am ICTR

4.2.1 Charakteristika und Bedeutung des Gerichtsdolmetschens

Wenn bei einem Gerichtsverfahren nur mit Hilfe von Dolmetschern kommuniziert werden kann, kommt deren Leistung eine enorme Bedeutung zu. Die Tätigkeit eines Gerichtsdolmetschers ist überaus anspruchsvoll. „Dolmetschen allein" reicht nicht aus, da bei Gericht institutionsspezifische, fachliche, sachliche, sprachliche und kulturelle Besonderheiten sehr komplex miteinander verknüpft sind (Kadric 2001:186). Für das ICTR gilt dies in besonderem Maße, wie Cryer erläutert: „Indeed, it is difficult to imagine a more difficult test for interpreters than to be asked to translate witness evidence for an international criminal tribunal" (Cryer 2006:2). Ein Gerichtsdolmetscher wird während einer Verhandlung mit den unterschiedlichsten Schwierigkeiten konfrontiert. Beispielsweise sind die Aussagen von Zeugen und Angeklagten oftmals sehr emotionsgeladen, die Anwälte halten rhetorisch ausgefeilte Plädoyers, beim Kreuzverhör kommt es zu sehr schnellen Sprecherwechseln und Gutachter verwenden bei ihren Aussagen vor Gericht häufig Fachtermini (Mikkelson 2000:43).

Auch die korrekte Wortwahl des Dolmetschers ist bei Gerichtsverhandlungen von wesentlicher Bedeutung, da alle sprachlichen Nuancen für oder gegen den Angeklagten oder Zeugen verwendet werden können. Neben rein juristischem Fachwissen kann zudem außersprachliches Wissen entscheidend für die Wortwahl in der Verdolmetschung sein. Fehler können zu Missverständnissen oder sogar Fehleinschätzungen führen, wie das folgende Beispiel, in dem es um den Absturz des Präsidentenflugzeugs am 6. April 1994 geht, zeigt:

> The plane was shot down, but there is debate as to who did it. [...] One expert witness was testifying and the interpretation of the "plane crash" came out as "l'accident" in French. [...] [This] prompted the French-speaking defence lawyer to question the witness as to why such a theory could be developed.
> (Alderman 2005, zit. in Karton 2008)

In einem anderen Fall wird dem Zeugen unterstellt, er hätte eine militärische Ausbildung genossen, weil er beim Militär gebräuchliche Ausdrücke verwendete, was dieser jedoch leugnet. Schließlich urteilt das Gericht folgendermaßen: „The Chamber notes that the witness gave his statement in Kinyarwanda and the words complained of were those of the

English translator“ (PJRD 32 2003:23). Diese beiden Beispiele machen deutlich, dass bei der Entscheidung für oder gegen ein Wort größte Vorsicht geboten ist. Nur ein qualifizierter und gut vorbereiteter Dolmetscher ist in der Lage, den Ansprüchen eines Gerichts an die Genauigkeit der Verdolmetschung gerecht zu werden.

Weiterhin ist zu beachten, dass Gerichtsdolmetscher – am ICTR insbesondere die Kinyaruanda-Dolmetscher – aufgrund ihrer Sprachkenntnisse über einen Informationsvorsprung und somit eine bestimmte Macht verfügen, derer sie sich bewusst sein müssen und die sie keinesfalls missbrauchen dürfen (vgl. Kapitel 4.4.4). Auch sind die Dolmetscher theoretisch in der Lage, mithilfe der Formulierungsweise Einfluss auf die Wahrnehmung eines Zeugen oder einer Aussage zu nehmen, was sie ebenfalls nicht zu ihren eigenen Zwecken ausnutzen dürfen.[58] Aus diesen zwei Gründen wird Gerichtsdolmetschern oftmals mit Misstrauen begegnet. Dieses Problem sowie verschiedene Aspekte der Qualitätssicherung werden in Kapitel 4.4 im Detail analysiert.

Schlechte Dolmetschleistungen bei Gericht untergraben die Glaubwürdigkeit der gesamten Verhandlung und somit auch des Urteils. Dolmetsch- oder Übersetzungsfehler können als Grund herangezogen werden, um das gesamte Urteil anzufechten und in Berufung zu gehen, da das Recht des Angeklagten auf einen fairen Prozess verletzt wurde (Sirois 2000:7). Auch am ICTR stützen einige Verurteilte die Begründung für ihre Berufung unter anderem auf Dolmetschschwierigkeiten, allerdings meistens ohne Erfolg (vgl. zum Beispiel UNHCR Rutaganda 2003:233.).

Hierbei sollte nicht vergessen werden, dass auch Richter und Anwälte erheblichen Anteil am Gelingen oder Misslingen einer Kommunikationssituation mit Dolmetschern haben. Sie können den Dolmetschern die Arbeit immens erleichtern – Voraussetzung dafür sind jedoch der Wille zur Kooperation sowie die Bereitschaft, sich mit dem Prozess des Dolmetschens an sich auseinanderzusetzen (vgl. Kapitel 4.5).

Im Folgenden werden eine Vielzahl weiterer Aspekte des Gerichtsdolmetschens wie zum Beispiel das juristische Fachwissen, Terminologieprobleme oder die Eignung der verschiedenen Dolmetschtechniken genauer betrachtet.

4.2.2 Sprachliche und juristische Fachkenntnisse

Die im Gerichtssaal verwendete Sprache unterscheidet sich durch einige Besonderheiten grundsätzlich von der Alltagssprache und kann deshalb nur

[58] Vgl. González/Mikkelson/Vásquez 1991:275; Berk-Seligson 2002:146.

mit entsprechendem Fachwissen verstanden werden. So sind beispielsweise für das mündliche Englisch im Gerichtssaal lange, syntaktisch komplexe, mit Fachterminologie gespickte Sätze charakteristisch (O'Barr 1982, zit. in Berk-Seligson 2002:19). Dies gilt analog auch für andere Sprachen. Typisch ist ebenso, dass es während der Gerichtsverhandlungen zu einem häufigen und schnellen Registerwechsel kommt (ebd.). Je nachdem, ob gerade ein Zeuge, ein Jurist mit einem anderen Juristen oder ein Jurist mit einem Zeugen spricht, kann die Spanne der sprachlichen Varietäten von „Juristen-Jargon" bis hin zu „Slang" reichen. Dies stellt den Dolmetscher vor besondere Herausforderungen.

Das ICTR leidet unter einem großen Mangel an qualifizierten Dolmetschern und Übersetzern mit Spezialisierung auf Gerichtsdolmetschen oder das Übersetzen juristischer Fachtexte (ICTR 5 2002). Noch schwieriger ist es, Sprachmittler mit Fachkenntnissen in internationalem Recht zu finden (ebd.). Für die meisten ist Jura zunächst sogar ein völlig fremdes Fachgebiet.

Die am ICTR geltende Rechtsordnung stellt zudem eine Schwierigkeit für alle dort beschäftigten Dolmetscher und Übersetzer dar, sogar für solche mit juristischer Vorbildung. André Sirois, selbst Jurist und ehemaliger Dolmetscher am ICTR, beschreibt die Problematik folgendermaßen: Das Gericht verfügt über ein eigenes Rechtssystem, dass sich weder einem der beiden großen Rechtssysteme, also dem *Civil Law* oder dem *Common Law*, noch dem internationalen Recht eindeutig zuordnen lässt (Sirois 2000:10). Vielmehr handelt es sich um eine Mischung aus allen drei Systemen. Als *Civil Law* werden die auf römisch-germanischem Recht basierenden Rechtssysteme des europäischen Kontinents mit Ländern wie Deutschland und Frankreich und auch Lateinamerikas bezeichnet (Kamardi 2009:28; Brockhaus 2). Mit dem *Common Law* werden in erster Linie Länder mit anglo-amerikanischem Recht wie Großbritannien, die USA sowie die Staaten des Commonwealth verbunden (Kamardi 2009:28; Brockhaus 3).

Diese dem ICTR eigene Rechtsordnung kann demnach zur Folge haben, dass ein Dolmetscher mit einem der Systeme zwar gut vertraut ist, dieses Wissen jedoch keineswegs ausreicht und somit Fehler und Missverständnisse aufgrund der fehlenden spezifischen juristischen Kenntnisse auftreten. Ein einfaches Beispiel hierfür ist das Kreuzverhör: Dieser Begriff bezeichnet in der anglo-amerikanischen Rechtstradition die gängige Vernehmungsmethode durch einen Staatsanwalt oder Verteidiger, jedoch ohne Mitwirkung des Richters (Brockhaus 4). Im römisch-germanischen Recht hingegen ist diese Vorgehensweise unüblich. Beste Voraussetzung für eine Tätigkeit am ICTR als Sprachmittler wäre also,

sich mit beiden Systemen sehr gut auszukennen und somit entsprechend sensibilisiert dafür zu sein, dass hinter anscheinend gleichen Begriffen völlig unterschiedliche Konzepte stehen können (Sirois 2000:3). Mit Hilfe dieses Wissens ist es dann möglich, die richtige Übersetzungsentscheidung zu treffen.
Um gewissenhaft arbeiten zu können, muss der Dolmetscher folglich derartige Wissenslücken schließen. Aus diesem Grund führt das ICTR schließlich auch Seminare mit dem Thema Jura für die Sprachendienstmitarbeiter ein (ICTR 5 2002).

4.2.3 Terminologische Schwierigkeiten

Für internationale Gerichtshöfe wie das ICTR und auch das ICTY besteht die Notwendigkeit, eine eigene juristische Terminologie für ihr spezielles Rechtssystem zu schaffen, die Missverständnissen so gut wie möglich vorbeugt (Sirois 2000:2 f.). Zudem muss das ICTR diese Terminologie für zwei – mit Kinyaruanda sogar drei – Sprachen gleichermaßen entwickeln.
Hier einige Beispiele dafür, welche Lösungen am ICTR gefunden wurden: Im Fall des Begriffs „Kreuzverhör" entscheidet sich das ICTR dafür, das englische Wort „cross-examination" im Französischen mit der Lehnübersetzung „contre-interrogatoire" wiederzugeben (zum Beispiel in PJRD 15 2004:i). Auch die Konzepte der Wörter „killing" und „meurtre" müssen zunächst einwandfrei geklärt werden, vor allem im Kontext des Straftatbestandes *Völkermord*:

> [...] [T]he notion of "killing" and that of "meurtre" used to qualify genocide and which do not carry the same meaning. The concept of "killing" [...] embraces a wider domain than [...] "meurtre" which is restricted to the willful violence to life. [...] To tackle this type of issue, ICTR has had to define a rule of interpretation whereby the stricter language should be given preference to protect the accused [sic] right [...].
> (ICTR 20 2005)

Nach eingehender Diskussion wird schließlich „meurtre" und „murder" der Vorzug gegeben. In diesem Kontext wird an anderer Stelle auch die Verwendung des französischen Wortes „assassinat" kritisiert und schließlich auch durch „meurtre" ersetzt (PJRD 2 1998:238).
Bereits die Bezeichnung des neu geschaffenen Gerichtshofs für Ruanda bereitet enorme Schwierigkeiten, wie der ehemalige Dolmetscher des ICTR Sirois darlegt. Ursprünglich lautet diese auf Französisch nämlich einfach „Tribunal international pour le Rwanda", dann wird sie informell um das Wort „criminel" erweitert und schließlich eigenmächtig von den Richtern „verbessert", indem „criminel" durch „pénal" ersetzt wird (Sirois 2000:12).

Da „pénal“ im Gegensatz zu „criminel“ jedoch auch kleinere Straftaten umfasst, ist diese Variante die deutlich schlechtere, setzt sich aber dennoch durch (ebd.).

Diese Beispiele zeigen, wie schwierig das Unterfangen einer guten und einheitlichen Terminologie bereits für die Sprachen Englisch und Französisch ist. Da im Gerichtssaal jedoch auch Kinyaruanda verwendet wird, muss noch eine dritte Sprache in die Überlegungen miteinbezogen werden.

Die Kinyaruanda-Dolmetscher und -Übersetzer sehen sich mit zusätzlichen Schwierigkeiten konfrontiert: Wie ein ICTR-Dolmetscher auf einer Konferenz im Jahr 2009 (also ein Jahr vor dem geplanten Ende des Mandats des ICTR) berichtet, wurde für Kinyaruanda immer noch keine einheitliche juristische Terminologie erarbeitet (ICTR 11 2009:41). Als Beispiel nennt er den Begriff „Alibi“, der in Kinyaruanda auf zwei Weisen wiedergegeben werden kann. Zudem fehlt auch noch immer eine Übersetzung der grundlegenden juristischen Texte des ICTR in Kinyaruanda.[59] Wenn sich während einer Verhandlung eine Partei auf diese Texte bezieht, haben die Kinyaruanda-Dolmetscher Schwierigkeiten, adäquate Begriffe zu finden, während die englische und die französische Kabine über eine offizielle Fassung verfügen. Der Sprachendienst ist sich dieses Missstandes bewusst, konnte aber bislang aus Gründen der Überlastung und des Kapazitätenmangels noch keine Abhilfe schaffen.[60]

4.2.4 Vermitteln nonverbaler Kommunikationselemente

Ein Gerichtsdolmetscher sollte auch nonverbale Kommunikationselemente wie Mimik, Gestik und Körpersprache vermitteln (de Jongh 1992:58). Die Richter und Anwälte können den Zeugen und dessen Körpersprache zwar sehen, doch ohne den Kontext der verbalen Aussage ist es oft nicht möglich, diese korrekt einzuordnen (Lankisch 2004:53). Außerdem können zwischen verschiedenen Kulturen erhebliche Unterschiede in der nonverbalen Kommunikation bestehen, die folglich weiterer Erklärungen bedürfen (Mikkelson 2000:50). In der Praxis wird dies jedoch oft nicht berücksichtigt.

Bedauerlicherweise sind in den Protokollen des ICTR keine Informationen zur Körpersprache enthalten, weshalb dieser Faktor nicht näher untersucht werden kann.

---

[59] Die englischen und französischen Fassungen sind auf der Homepage des ICTR in der englischen Version unter „Legal“ und in der französischen Version unter „Textes fondamentaux“ zu finden.

[60] Die Ausführungen dieses Absatzes basieren auf ICTR 11 2009:40 f.

Festzuhalten ist lediglich, dass es in den ersten Jahren, als noch der Konsekutivmodus üblich war und der Dolmetscher direkt neben dem Zeugen Platz nahm, zumindest theoretisch möglich war, die nonverbale Kommunikation des Zeugen wiederzugeben.

Mit Einführung des Simultandolmetschens fällt diese Möglichkeit gänzlich weg, da der Dolmetscher zum einen für die Prozessbeteiligten kaum sichtbar von einer Kabine aus arbeitet und zum anderen seine Sicht auf das Vorgehen im Gerichtssaal oftmals beeinträchtigt ist. Wie aus mehreren Quellen hervorgeht, haben die Dolmetscher keine uneingeschränkte Sicht auf den Zeugen oder Angeklagten (Foto ICTR): „As questions are put to the witness they are simultaneously translated by a team of translators boothed behind the prosecution counsel [...]" (McNamee 2007:312).

Auch Richter Wolfgang Schomburg bemängelt, dass der Angeklagte oft nur sehr schwer sichtbar ganz hinten im Gerichtssaal Platz nehmen müsse und es deshalb kaum möglich sei, seine Körpersprache zu beobachten (Schomburg 2009:7). Auf diese Weise gehen dem Gericht Informationen verloren, die unter Umständen entscheidend für die Einschätzung der Glaubwürdigkeit einer Person sein können.

4.2.5 Dolmetschen prosodischer Elemente

Um dem Gericht einen authentischen Eindruck der Zeugenaussage zu vermitteln, ist es nicht nur notwendig, den Sinn zu dolmetschen, sondern auch die Art und Weise, wie der Zeuge die Aussage macht, ist wiederzugeben. Das heißt, auch Füllwörter, Wiederholungen, unvollständige Sätze und prosodische Elemente sind zu beachten.[61] Deshalb ist beispielsweise folgende Situation kritisch zu bewerten: „MR. PERRAS: Interpreter, is that all the witness said, because I heard many more words. THE KINYARWANDA INTERPRETER: That is what I understood, because sometimes she repeats herself" (PJRD 3 2003:50).

Zu den prosodischen Elementen gehören Intonation, Akzent, Sprechgeschwindigkeit, -rhythmus und -lautstärke, Stimmqualität und Pausen. All diese suprasegmentalen und paralinguistischen Merkmale spiegeln die emotionale Verfassung des Zeugen wieder und zeigen, ob er zögerlich, ängstlich oder ähnliches ist (Alderman 2005, zit. in Karton 2008). Dies kann von Bedeutung sein, wenn es um die Bewertung der Glaubwürdigkeit geht. Der Dolmetscher sollte folglich alle Elemente der Aussage übermitteln, da die Verdolmetschung forensischen Standards genügen muss (Cryer 2006:2). Es ist klar, dass dies im Einzelfall nicht immer möglich ist,

---

[61] Vgl. González/Mikkelson/Vásquez 1991:291; Mason 2008:21 f.

dennoch sollte es das Ziel sein, an dem der Dolmetscher seine Arbeit ausrichtet.

Der nächste Schritt besteht darin, dass die Juristen diese Elemente nicht im Kontext der eigenen, sondern der ruandischen Kultur bewerten, bevor sie Rückschlüsse auf die Glaubwürdigkeit des Zeugen ziehen (Rudvin 2002, zit. in Pöllabauer 2005:116). Hierzu ist jedoch kulturelles Hintergrundwissen unabdingbar (vgl. Kapitel 4.7).

Inwieweit Aspekte wie Intonation und Sprechpausen von den Dolmetschern berücksichtigt und vermittelt werden, lässt sich anhand der schriftlichen Protokolle nicht feststellen. Dies müsste direkt vor Ort untersucht werden.

Abschließend zu diesen beiden letzten Unterkapiteln ist anzumerken, dass der Umgang mit Körpersprache und Prosodie im berufsethischen Kodex der Dolmetscher des ICTY eindeutig geregelt ist: „Interpreters shall convey [...] any non-verbal clue, such as the tone of voice and emotions of the speaker [...]" (ICTY Code 1999:14). Beim ICTR ist dies jedoch nicht der Fall, was eindeutig negativ zu bewerten ist (vgl. Kapitel 4.4.2).

4.3 Eignung der verschiedenen Dolmetschtechniken

4.3.1 Konsekutivdolmetschen

Anfangs wird am ICTR wegen fehlender Ausbildung der Dolmetscher beim Dolmetschen in und aus Kinyaruanda gänzlich auf den Simultanmodus verzichtet. Dies ist nicht nachvollziehbar, da auch qualitativ hochwertiges und den erhöhten Anforderungen einer Situation vor Gericht entsprechendes Konsekutivdolmetschen eine solide Ausbildung, vor allem auch in Notizentechnik, voraussetzt. Aber auch nach Einführung des Simultandolmetschens bleibt der Konsekutivmodus weiter in Gebrauch (Umfrage Antwort 2).

Berk-Seligson hält Konsekutivdolmetschen, das am häufigsten für Zeugenvernehmungen empfohlen wird, sogar für den schwierigsten Modus (Berk-Seligson 2002:89). Der Konsekutivmodus birgt eine Reihe von Fehlerquellen, wie beispielsweise das Risiko der Selektion, die gerade beim Gerichtsdolmetschen gravierende Folgen haben kann, da oftmals jedes Element einer Aussage von Bedeutung ist (Kabbani 1987, zit. in Lankisch 2004:46). Ob der Konsekutivmodus in einer konkreten Situation geeignet ist oder nicht, hängt also auch von den individuellen Fähigkeiten des Dolmetschers ab.

Für konsekutives Dolmetschen spricht hingegen, dass unter Anwendung dieses Modus die Möglichkeit besteht, auch nonverbale Kommunikationselemente wahrzunehmen und zu vermitteln (vgl. Kapitel 4.2.4).
Ein aus Sicht des ICTR sehr großer Nachteil des Konsekutivdolmetschens ist der hohe Zeitaufwand (ICTR 4 2006:33 f.). Noch größer ist der Zeitverlust, wenn, wie am ICTR zunächst üblich, über eine Relaissprache in eine dritte Sprache konsekutiv gedolmetscht wird.
Ein weiterer Nachteil besteht im Falle des ICTR darin, dass zumindest der Kinyaruanda-Dolmetscher beim Konsekutivdolmetschen direkt neben dem Zeugen im Zeugenstand sitzt, was meist für beide Seiten keine angenehme Situation darstellt, da der Zeuge den Dolmetscher oft als potenziellen Feind und als nicht vertrauenswürdig betrachtet (vgl. Kapitel 4.4.4) (PJRD 5 2003:33).
Auch kommt es vor, dass der Dolmetscher den Zeugen unterbrechen muss, um eine genaue Verdolmetschung kleinerer Redeeinheiten gewährleisten zu können (ICTR 4 2006:33 f.). Dieser Mangel ist wohl auch auf die fehlende Ausbildung der Dolmetscher zurückzuführen. Eine solche Vorgehensweise ist nicht optimal, da bei Aussagen vor Gericht auch der natürliche, flüssige Duktus einer Aussage wichtig sein kann und bei Konsekutiv generell am besten größere Sinneinheiten und nicht etwa Einzelsätze gedolmetscht werden sollten (Lankisch 2004:46; González/Mikkelson/Vásquez 1991:290). Das Gericht ist sich dessen offensichtlich nicht bewusst, sonst würde es wohl kaum einen Zeugen zu kürzeren Antworten auffordern, um auf diese Weise vermeintlich bessere Dolmetschleistungen zu erhalten:

JUDGE KAMA: [...] I suggest [...] that the witness the [sic] not [sic] speak so much at length so that the interpreter can take down notes and translate more accurately. [...]
MADAM PRESIDENT: Break your answers, witness. Just say something, pause and then you give us the next information.
(PJRD 37 1999:113 f.)

Lankisch gibt zudem zu bedenken, dass Unterbrechungen dem Zeugen oder Angeklagten immer auch Gelegenheit geben, seine Aussage noch einmal zu überdenken und den Inhalt eventuell zu selektieren, so dass wichtige Informationen dem Gericht möglicherweise vorenthalten werden (Lankisch 2004:46).
Es hat sich gezeigt, dass das Konsekutivdolmetschen am ICTR in der Tat mit einer Vielzahl von Schwierigkeiten einhergeht. Im Vergleich dazu wird im Folgenden nun untersucht, welche positiven und negativen Aspekte es beim Simultandolmetschen gibt.

4.3.2 Simultandolmetschen

Um eine gute Qualität der Verdolmetschungen auch im Simultanmodus gewährleisten zu können, ruft das ICTR eine Ausbildungseinheit für Kinyaruanda ins Leben. Über den Zeitpunkt der Einführung spezieller Kurse für Simultandolmetschen mit Kinyaruanda und schließlich auch die Einführung des Kinyaruanda-Simultandolmetschens in allen Gerichtssälen finden sich in den verschiedenen Quellen unterschiedliche Angaben: In einigen ist vom Jahr 2000 die Rede, in anderen von 2001 oder auch 2003.[62] Sicher ist jedoch, dass es einige Jahre dauerte, bis diese Maßnahme, über deren Notwendigkeit schon früh kein Zweifel mehr bestanden hatte, wirklich umgesetzt wurde.

Die Kurse für Simultandolmetscher umfassen einen Zeitraum von ungefähr sieben bis acht Monaten (ICTR 11 2009:40; ICTR 4 2006:33 f.). Unter anderem üben die Dolmetscher während dieser Zeit in realen Situationen, also während der Gerichtsverhandlungen, in einer stummen Kabine. Ihre Leistungen werden zur Besprechung auf Band aufgenommen (Alderman 2005, zit. in Karton 2008). Verglichen mit einer regulären Dolmetscherausbildung an einer Universität oder einer ähnlichen Einrichtung sind acht Monate keine lange Zeit, aber dennoch stellen diese Fortbildungen einen immensen Fortschritt dar. Anwärter auf eine Dolmetscherstelle müssen vor der Teilnahme an einer solchen Fortbildung zuerst einen Eignungstest bestehen (ICTR 11 2009:40). Im Rahmen dieser Ausbildung lernen die Dolmetscher auch die Bedeutung ihrer Arbeit für die Rechtsprechung in internationalen Strafverfahren zu verstehen (ICTR 11 2009:40). Seine Erfahrungen auf dem Gebiet der Ausbildung von Dolmetschern für seltene oder „exotische“ Sprachen teilt das ICTR mit anderen internationalen Gerichtshöfen wie dem im Jahre 2002 eingerichteten Internationalen Strafgerichtshof in Den Haag oder dem Sondergerichtshof für Sierra Leone.[63]

Der größte und offensichtlichste Vorteil des Simultandolmetschens gegenüber dem Konsekutivmodus ist die große Zeitersparnis. Doch auch hier bleibt zunächst das Problem des Dolmetschens über die Relaissprache Französisch bestehen. Erst später gelingt es, auch Dolmetscher für die Sprachenkombination Kinyaruanda-Englisch auszubilden (ICTR 22 2006). Dennoch schätzt man am ICTR, dass dank der Einführung des Simultandolmetschens der Zeitaufwand im Gerichtssaal um 20 % bis 25 %

---

[62] Vgl. ICTR 22 2006; ICTR 4 2006:33 f.; ICTR 18 2002:17; ICTR 11 2009:39 f.

[63] Vgl. ICTR 29 2005:17; ICTR 5 2002.

reduziert werden konnte, was natürlich auch eine Ausgabensenkung zur Folge hat (ICTR 3 2003; ICTR 4 2006:33 f.).

Simultandolmetschen wird am ICTR als weniger ermüdend und stressbehaftet für die Dolmetscher angesehen; zudem wurde eine größere Genauigkeit der Verdolmetschungen festgestellt (ebd.). Ohne eine direkte Befragung der Dolmetscher sind diese Angaben nicht zu überprüfen. Ob sich die Genauigkeit verbessert hat, lässt sich ohne Vermerk der angewandten Dolmetschtechnik in den Protokollen ebenfalls nicht bestätigen. Eine mögliche Erklärung für die angebliche geringere Stressbelastung ist – zumindest was die Kinyaruanda-Dolmetscher betrifft –, dass sie nicht mehr direkt neben dem Zeugen, sondern sozusagen „geschützt" vor dessen misstrauischen Blicken oder gar feindlicher Einstellung in Kabinen sitzen können. Dies hat jedoch gleichzeitig zur Folge, dass nun keine Möglichkeit zur Wiedergabe von Körpersprache besteht.

Ein weiterer negativer Aspekt führt hingegen zu einer größeren Belastung der Kinyaruanda-Dolmetscher. Es geht um eine technische Einschränkung beim Simultandolmetschen: Die Kinyaruanda-Kabine muss sich einen Kanal mit einer der anderen Sprachen teilen. Ein Dolmetscher erklärt, es sei nichts Ungewöhnliches, dass eine „seltene Sprache" in einen anderen Kanal integriert wird (ICTR 11 2009:42). Dennoch bedeutet diese Einschränkung eine zusätzliche Stressquelle, wie er berichtet:

> Lorsque le collègue de la cabine française termine d'interpréter et oublie de relâcher le canal, tout le monde regarde l'interprète de la cabine kinyarwanda. On croit [...] [qu'il] est mort alors, qu'il ne peut pas travailler: son canal est bloqué. [...] Vous n'imaginez pas le stress de mes collègues [...]. [...] [L]e fait que la cabine kinyarwanda soit intégrée à la cabine française ou anglaise oblige l'interprète de la cabine kinyarwanda, avant toute intervention, à tourner le bouton à gauche ou à droite. C'est une autre source de stress.
> (ICTR 11 2009:42)

Auch scheint nicht jeder Teilnehmer des Verfahrens Zugriff auf alle Kanäle zu haben, wie aus einem Protokoll hervorgeht: „MR. WLADIMIROFF: [...] It is very difficult for me to follow because I only have the English channel, so I have no idea how long it takes for the French translation" (PJRD 38 1999:138). Probleme dieser Art sind beim Konsekutivdolmetschen hingegen ausgeschlossen.

Nach Abwägung aller ermittelbarer Faktoren lässt sich feststellen, dass unter den speziellen Bedingungen des ICTR der Simultanmodus trotz seiner Nachteile dem Konsekutivdolmetschen vorzuziehen ist. Das entscheidende Kriterium bleibt die immense Zeitersparnis. Die eindeutig schlechtesten Voraussetzungen für eine gute Qualität der Verdolmetschung gibt es beim Dolmetschen über Relais, welches Gegenstand des folgenden Kapitels ist.

4.3.3 Dolmetschen über Relais

Sowohl im Konsekutiv- als auch im Simultanmodus ist zunächst nur das Dolmetschen von Kinyaruanda ins Englische über die Relaissprache Französisch möglich, da es an Kinyaruanda-Englisch-Dolmetschern mangelt.[64] Bis wann genau diese Praxis vorherrschte, ist nicht eindeutig ersichtlich. Es gibt Quellen aus dem Jahr 2005, die noch davon berichten (Zahar 2005:41).

Dolmetschen über Relais ist immer nur eine Notlösung, da hier ein viel größeres Potenzial für Fehler und Auslassungen besteht. Das ICTR trägt dem Rechnung, indem es auf die französische Version vertraut, wenn in solchen Fällen das französische und das englische Protokoll voneinander abweichen (PJRD 2 1998:72 f.). Wenn notwendig, wird auch noch einmal das Original in Kinyaruanda herangezogen, sofern es auf Video oder Tonband zur Verfügung steht (PJRD 2 1998:72 f.; Schomburg 2009:8). Dies ist aus Sicht der Qualitätssicherung ein sinnvolles Vorgehen (vgl. Kapitel 4.4).

In den Protokollen der PJRD finden sich zahlreiche Beispiele für Probleme aufgrund des Relaisdolmetschens. In einer Relais-Situation stiftet zum Beispiel ein Missverständnis um die Wörter „dirt“ und „death“ große Verwirrung (PJRD 3 2003:65 f.). In einem anderen Fall verpasst der Englisch-Dolmetscher einen Teil der neuen Aussage, weil er erst noch der französischen Kabine zuhören muss, um den vorhergehenden Beitrag dolmetschen zu können (PJRD 3 2003:41).

Richter Schomburg bemerkt zutreffend, dass sich die Juristen bei der Bewertung von Zeugenaussagen dieser möglichen Fehlerquelle erst einmal bewusst sein müssen, um entsprechend sensibilisiert reagieren zu können (Schomburg 2009:8). Dies ist jedoch nicht immer der Fall, wie folgendes Beispiel anschaulich beschreibt:

> For a case which turned [...] on the semantics of Kinyarwanda utterances, the Media judgment betrays a complete lack of sophistication in matters of translation and cultural difference. [...] [T]he tribunal's claim that "the word 'extermination' is one generally associated with civilians rather than military operations" shows that the tribunal is thinking English [...] not Kinyarwanda semantics. This interpretative error could have been avoided had the tribunal remained alert to its unusually difficult task: to pass

[64] Vgl. Alderman 2005, zit. in Karton 2008; ICTR 22 2006; Cryer 2006:3.

judgment, in English, on alleged incitement, in Kinyarwanda, before defendants who were following the proceedings in French translation, using texts which are (plainly) second-rate English translations of French translations of the original Kinyarwanda recordings.
(Zahar 2005:40 f.)

Eine weitere Fehlerquelle, die nur indirekt mit dem Dolmetschen zusammenhängt, besteht wie beim Relaisdolmetschen sozusagen in der Relais-Übersetzung, also der Übersetzung einer bereits gedolmetschten Aussage. Häufig werden während der Verhandlungen Unterschiede zwischen der englischen und französischen Version einer in Ruanda aufgenommenen und aus Kinyaruanda gedolmetschten Zeugenaussage festgestellt. Um dann entscheiden zu können, welche Variante die richtige ist, muss zunächst eindeutig ermittelt werden, welche Version die ursprüngliche Verdolmetschung aus Kinyaruanda darstellt, die dann als Ausgangstext für die Übersetzung in die zweite Arbeitssprache des Gerichts diente (s. zum Beispiel PJRD 39 2005:65 f.).
Unter 4.4 wird untersucht, wie mit diesen und anderen Fehlerquellen am ICTR umgegangen wird.

4.4 Qualität und Qualitätssicherung beim Dolmetschen

4.4.1 Maßnahmen zur Qualitätssicherung

Beim Gerichtsdolmetschen ist größte Präzision erforderlich. Da das ICTR jedoch mit einer Vielzahl von Dolmetschschwierigkeiten zu kämpfen hat, besteht ein erhöhtes Fehlerrisiko, was verstärkte Maßnahmen zur Qualitätssicherung unbedingt notwendig macht.
Es gibt nicht nur zahllose Dolmetschprobleme während der Verhandlungen im Gericht selbst. Zusätzlich werden zahlreiche (vermeintliche) Dolmetschfehler bei der Aufnahme von Zeugenaussagen in Ruanda beanstandet. Da diese Aussagen oft Monate oder sogar noch länger zurückliegen, ist es meist unmöglich, die ursprüngliche Situation vollständig zu rekonstruieren und somit die richtigen Schlüsse zu ziehen. Durch ein Protokoll im Fall *Akayesu* wird klar, dass es zwar Bandaufnahmen der Zeugenaussagen gibt, nicht jedoch von den Fragen der Ermittler (PJRD 12 1996:6). Es ist also nicht festzustellen, ob die Fragen suggestiv waren oder ob sie korrekt verdolmetscht wurden. Im Übrigen wird der Verteidigung das Abhören dieser Bänder verwehrt mit dem Hinweis, sie müsse den Zeugen während des Kreuzverhörs nach den Umständen der Verdolmetschung fragen (ebd. 22 ff.). In diesem Zusammenhang kritisiert die Verteidigung die Vorgehensweise des ICTR:

> The investigations were either in English or French and there was an Interpreter [sic] there. They had to interpret the questions [...] and then the witnesses would respond in Kinyarwanda and then the answers were given back translated from English into French. The normal procedure is that you would record everything in order to test the reliability: one, of the translation, to make sure that the questions were properly translated. Two, that what the witness said is actually what was translated back into English.
> (PJRD 12 1996:6)

Um solchen Vorwürfen entgegenzuwirken, wird bei der Befragung wie folgt vorgegangen: Alle Zeugen unterzeichnen, nachdem ihnen das Protokoll ihrer Aussage Stegreif rückübersetzt wurde, eine Erklärung, die besagt, dass alle Angaben korrekt sind, und auch die Dolmetscher unterschreiben, dass sie für die Verdolmetschung verantwortlich sind (UNHCR Ntakirutimana 1999). Problematisch wird es jedoch, wenn diese Maßnahmen nicht konsequent umgesetzt werden. Es kommt durchaus vor, dass die Echtheit oder Korrektheit der in Ruanda von den Ermittlerteams aufgenommenen Protokolle angezweifelt wird, zumal wenn Widersprüche zwischen der französischen und englischen Version auftauchen oder die Dokumente nicht von einem Dolmetscher unterschrieben wurden (zum Beispiel PJRD 32 2003:11).

Wenn es um Qualitätssicherung im Gerichtssaal selbst geht, muss auch die Arbeit der Stenotypisten berücksichtigt werden. Die Verdolmetschungen werden nämlich von professionellen Stenotypisten mitnotiert und anschließend mithilfe von Computern transkribiert. Nur mit Bandaufnahmen der Verdolmetschungen kann ermittelt werden, ob es sich bei einem Fehler um eine falsche Verdolmetschung oder einen Stenografiefehler handelt. Mit dem Ziel einer Vereinheitlichung ihrer Arbeitsweise stellt das ICTR für die aus unterschiedlichen Rechtstraditionen kommenden Stenotypisten ein Handbuch zur Verfügung (ICTR 25 1998:11). Ähnlich wie die Dolmetscher müssen sie eine Erklärung unterzeichnen, dass sie nach bestem Wissen und Gewissen sowie unparteiisch arbeiten (PJRD 31 2005:90).

Eine für die Qualitätssicherung bedeutsame technische Neuerung ist die so genannte *LiveNote*-Software, die es den Beteiligten ermöglicht, die von den Stenotypisten angefertigten Protokolle der Verhandlung in Echtzeit auf Monitoren zu verfolgen und Anmerkungen zum Beispiel auch zu den Verdolmetschungen direkt einzufügen (ICTR 4 2006:29; ICTR 25 1998:11). Hierdurch können Fehler schneller entdeckt und noch im situativen Kontext behoben werden.

Das Stenografieren scheint reibungslos zu funktionieren. Lücken in den Protokollen gibt es lediglich dann, wenn während einer in Englisch oder Französisch gemachten Aussage plötzlich Wörter in Kinyaruanda fallen, die der Sprecher nicht übersetzen kann oder will (zum Beispiel im Falle von Realien). Diese bereiten den Stenotypisten, die Kinyaruanda nicht verstehen, erhebliche Schwierigkeiten und erscheinen lediglich als „(mot en Kinyarwanda)" beziehungsweise „(Kinyarwanda spoken)" im Protokoll (s. zum Beispiel PJRD 7 1998:124). Um dieses Problem zumindest teilweise zu umgehen, werden die Kinyaruanda-Dolmetscher oftmals um Hilfe beim Buchstabieren gebeten. Wenn dies nicht während der Verhandlung geschehen kann, müssen die Pausen dazu genutzt werden, die eigentlich zur Erholung dienen sollten. Deshalb wird dies von den Dolmetschern als zusätzliche Belastung wahrgenommen: „Souvent, pendant la pause [...], nos collègues sténotypistes viennent nous voir pour l'orthographe des noms. Parfois, elles arrivent quand nous préparons la séance suivante. C'est aussi une source de stress" (ICTR 11 2009:44).

Optimal wäre es, wenn auch Protokolle der Zeugenaussage in der Ausgangssprache, also im Original, angefertigt werden würden, was aber natürlich mit einem erheblichen Aufwand verbunden wäre. Ist dies nicht der Fall, müssen zumindest Bandaufnahmen der Aussagen angefertigt werden (Berk-Seligson 2002:200). Am ICTR entschied man sich für den zweiten, weniger aufwendigen Weg. Die vor Gericht gemachten Aussagen der Zeugen in Kinyaruanda werden zwar auf Band aufgenommen und sind den Parteien zugänglich, jedoch werden sie nicht stenografiert und transkribiert (ICTR 2 2003:250; ICTR 12 2009:54). Dies ist im speziellen Fall des ICTR erstens ein zusätzlicher Hinderungsgrund für die Bevölkerung Ruandas, an die sich das Gericht eigentlich vorrangig wenden sollte, die Arbeit des Gerichts zu verfolgen (vgl. Kapitel 4.10.2). Zweitens ist dieses Vorgehen aber auch aus Gründen der Qualitätssicherung kritisch zu bewerten. Ein Kinyaruanda-Dolmetscher räumt ein, dass die Dolmetscher häufig, insbesondere wenn es zu einem schnellen Schlagabtausch zwischen den Parteien kommt, nicht alle Elemente der Aussage dolmetschen können und deshalb befürchten, dass wichtige Informationen verloren gehen (ICTR 12 2009:54). Gäbe es Protokolle der Zeugenaussagen in Kinyaruanda, könnten diese Mängel im Nachhinein sehr viel leichter behoben werden.

Aber auch die Praxis der Bandaufnahmen scheint noch nicht ausgereift, wie aus folgenden Vorwürfen hervorgeht: Die Verteidigung bemängelt die Überprüfbarkeit der während der Verhandlung gemachten Aussagen, da anscheinend nicht alles auf Band aufgenommen wird:

> Verification may be impossible if complete audio tapes of each segment of the translation process are not fully recorded [...]: English, or French to Kinyarwanda for questions, or comments by Court or Counsel; Kinyarwanda to French, or English for answers by the witness; and French to English, or English to French, when one official language depended on the other for translation [...]
> (PJRD 9 2002:266 f.)

Am ICTR wird versucht, diese Kritik mit dem Hinweis, dass Korrekturvorschläge zu Verdolmetschungen immer berücksichtigt würden, zu entkräften: „The Defence multilingual assistant, who switched between the channels, periodically intervened [...] to propose corrections to the interpretation. [...] [The] Chamber always gave consideration to those interventions“ (ICTR 2 2003:250).

Es gibt jedoch auch Fälle, in denen Bandaufnahmen das geeignetste Mittel zur Aufklärung von Fehlern wären. Hier ein Beispiel: Ein Französisch sprechender Zeuge versucht dem Gericht gegenüber seine Behauptung zu verteidigen, dass Massenvergewaltigungen an einem bestimmten Schauplatz gar nicht stattgefunden hätten, sondern einfach später in verleumderischer Absicht erfunden worden wären. Auf die Frage, ob es nicht vielleicht einfach kulturelle Gründe gibt, aus denen über die Vergewaltigungen zunächst nicht gesprochen wurde, äußert sich der Zeuge folgendermaßen: „Ah! non, parce que le terme (mot en kinyarwanda), c'est-à-dire prendre de force une femme, c'est un terme que j'ai entendu depuis que j'ai 20 ans [...] Donc, je ne dirais pas qu'il y a une retenue culturelle [...]“ (PJRD 7 1998:137 f.). In der englischen Version fehlt hingegen die einleitende Interjektion „Ah! non“, außerdem heißt es an gleicher Stelle genau umgekehrt: „Therefore, I'd say there is a cultural factor which prevented people from talking about rape“ (PJRD 8 1998:116). In diesem Fall ist es noch möglich, mithilfe des Kontextes zu bestimmen, dass die französische Version die richtige sein muss. Kann der Kontext jedoch nicht helfen, so wird es ohne Bandaufnahmen aller Aussagen und Dolmetschkanäle schwierig, die korrekte Version herauszufinden. Mithilfe von Bandaufnahmen könnte im vorliegenden Fall auch geklärt werden, ob es sich um einen Fehler des Englisch-Dolmetschers oder um einen reinen Stenografie-Fehler handelt.

Das ICTR strebt eine größtmögliche Einheitlichkeit der gedolmetschten Aussagen und Dokumente an. Wie aus einem Protokoll hervorgeht, ist es deshalb Praxis, dass die Dolmetscher, wenn aus einem bereits übersetzten Dokument vorgelesen wird, nicht selbst noch einmal den Originaltext dolmetschen, sondern einfach ablesen. „The rule is that when a counsel is referring to a document which the interpreters have, the interpreters read what they have before them because counsel [...] is reading as well [...]“ (PJRD 26 2005:31). Folgende Aussage eines Dolmetschers liefert eine nachvollziehbare Erklärung für dieses Verfahren:

MR. MACDONALD: We'll have to do it again, Mr. Interpreter.
THE ENGLISH INTERPRETER: Sorry, Your Honour, we don't have this transcript and we really hesitate to keep interpreting things that have already been interpreted. [...] [T]he corresponding version is part of the official records of this court. If we have to reinterpret, we have two versions of one version in the other language. That is what creates the problem. The standard practice is to read back what was done previously.
(PJRD 26 2005:38)

Da diese übersetzten Texte jedoch Fehler enthalten können, fordern Kritiker dieser Vorgehensweise eine Verdolmetschung dessen, was live im Gerichtssaal vorgeht. Denn wenn es zu Widersprüchen zwischen den Verdolmetschungen in die unterschiedlichen Sprachen – zumal mit Relais – während der Verhandlung kommt, ist es mitunter für das Gericht sehr schwierig, die Fehlerursache zu ermitteln, da Fehler an so vielen verschiedenen Stellen unterlaufen sein können. Einmal etwa kommt es zu einer äußert komplizierten Diskussion um eine Divergenz zwischen dem, was der Zeuge in Französisch über den Inhalt eines ursprünglich in Kinyaruanda verfassten Berichts sagt, und der englischen Version (PJRD 44 2005:50). Schließlich stellt sich heraus, dass die englische Kabine zwar korrekt das verdolmetschte, was der Zeuge live aussagte, die Juristen jedoch im Gegensatz zu den Dolmetschern über eine bereits früher angefertigte fehlerhafte Übersetzung des Berichts aus Kinyaruanda in Englisch verfügten und diese mitlasen. Dieses Beispiel macht den Schwachpunkt der Vorgehensweise, auf frühere Übersetzungen zurückzugreifen, deutlich.
Im Falle von schwerwiegenden Fehlern können die Dolmetscher haftbar gemacht werden. Genauere Informationen hierüber sind jedoch nicht verfügbar. Ein Dolmetscher des ICTR erklärt lediglich, dass bei Fehlern zunächst einmal mit Hilfe der Bandaufnahmen und Protokolle die beanstandete Dolmetschleistung überprüft wird (Umfrage Antwort 1). Erstaunlich ist, dass es seinen Angaben zufolge trotz der vielfältigen Umstände, die das Dolmetschen erschweren, nicht sehr viele ernsthafte Beanstandungen gibt (ebd.). Sirois erklärt bezüglich der Haftung von Übersetzern an internationalen Gerichtshöfen allgemein Folgendes:

Les traducteurs qui sont fonctionnaires internationaux bénéficient d'une immunité [...]. Mais il en va autrement des traducteurs et interprètes à la pige qui devraient s'assurer d'avoir une bonne police d'assurance en responsabilité professionnelle avant de

s'aventurer à « améliorer » des textes juridiques.
(Sirois 2000:13)

Zur eindeutigen Beantwortung der Frage nach der Haftung der Dolmetscher am ICTR sind also noch weitere Nachforschungen notwendig.

4.4.2 Berufsethischer Kodex

Überraschender Weise fallen die ethischen Prinzipien und Verhaltensregeln für Dolmetscher und Übersetzer des ICTR sehr knapp aus. Sie sind unter Artikel 76 der Verfahrens- und Beweismittelordnung des ICTR zu finden und umfassen weniger als drei Zeilen, die wie folgt lauten:

Solemn Declaration by Interpreters and Translators
Before performing any duties, an interpreter or a translator shall solemnly declare to do so faithfully, independently, impartially and with full respect for the duty of confidentiality.
(ICTR 16 2008:83)

Vor dem Beginn einer Gerichtsverhandlung fordert der Vorsitzende die Dolmetscher auf, nach vorne zu kommen und gemäß der Verfahrens- und Beweismittelordnung einen Eid abzulegen und eine Erklärung zu unterzeichnen (PJRD 12 1996:1). Ein Beispiel für eine solche Erklärung findet sich im Anhang (Anhang 1). Inhaltlich enthält sie keinerlei Ergänzungen zu Artikel 76.

Man könnte argumentieren, dass dieser Artikel 76, wenn auch in sehr komprimierter Form, die wichtigsten Verhaltensweisen und Prinzipien umfasst. Dennoch ist es sehr verwunderlich, dass es am ICTR scheinbar nicht für nötig befunden wird, einen umfassenden Kodex zu entwerfen und anzunehmen. Für das Dolmetschen bei Gericht sind höchste Ansprüche an Professionalität und Integrität der Dolmetscher zu stellen. Dies gilt insbesondere für ein Gericht, das sich mit so schweren Vorwürfen wie Völkermord befasst. Verschwiegenheit und Neutralität der Dolmetscher sind gerade am ICTR hochsensible Themen. Wie in Kapitel 4.4.4 genauer ausgeführt wird, sehen sich vor allem die Kinyaruanda-Dolmetscher, meistens Tutsi, ständigen Verdächtigungen durch die Gegenpartei oder Zeugen ausgesetzt. Skandale wegen parteilicher Dolmetscher fügen der Glaubwürdigkeit und dem ohnehin geringen Vertrauen der ruandischen Bevölkerung in das ICTR großen Schaden zu (vgl. Kapitel 4.4.5).

Der Verzicht auf einen solchen Kodex ist umso unverständlicher, als dass das Schwestertribunal des ICTR, das ICTY, seit 1999 über einen ausführlichen, mehrere Seiten umfassenden beruflichen Ehrenkodex für seine Dolmetscher und Übersetzer verfügt, und zwar zusätzlich zu dem gleichen Artikel 76 in der Verfahrens- und Beweismittelordnung (ICTY Rules 2009:77). Einleitend findet sich in diesem Ehrenkodex folgender Satz: „[...] [B]eing subject to a Code of Ethics is an integral attribute of being an interpreter and translator employed in a judicial environment [...]" (ICTY Code 1999:2). Darauf folgt eine umfassende Erläuterung der beruflichen Verhaltensregeln und ethischen Prinzipien und auch der Pflichten nach Beendigung des Arbeitsverhältnisses. Angesprochen werden unter anderem diese Punkte: Interessenkonflikte, Zuverlässigkeit, das Einhalten von Fristen, Verschwiegenheit, das Teilen von Informationen, Unparteilichkeit, Vorbereitung, das Zurücktreten von einer Aufgabe bei mangelnder Kompetenz, das Informieren über unterlaufene Fehler, Genauigkeit und Vollständigkeit, das Vermitteln von Körpersprache und die Verpflichtung zur Weiterbildung (ICTY Code 1999).

Auch das im Jahr 2002 von Sierra Leone und den Vereinten Nationen gemeinsam geschaffene Sondergericht für Sierra Leone verfügt zusätzlich zu Artikel 76 der Verfahrens- und Beweismittelordnung über einen berufsethischen Kodex (SCSL Rules 2008:41). Dieser wurde im Jahr 2004 angenommen und ist etwas kürzer als der des ICTY, behandelt aber in etwa die gleichen Punkte (SCSL Code). Auch Berufsverbände wie der AIIC oder der VKD verfügen ganz selbstverständlich über einen solchen Kodex (AIIC Code; VKD). In Fachliteratur zum Gerichtsdolmetschen werden ebenfalls sehr ähnliche Vorschläge für Ehrenkodizes vorgestellt (Mason 2008:107 ff.; González/Mikkelson/Vásquez 1991:475).

Wie Berk-Seligson anmerkt, ist ein berufsethischer Kodex natürlich keine Garantie für höchste Qualität (Berk-Seligson 2002:204). Auch die Verteidigung im Fall *Akayesu* am ICTR bringt dieses Argument vor (PJRD 12 1996:27). Beispielsweise kann ein Dolmetscher nach bestem Wissen und Gewissen arbeiten, und dennoch können ihm Fehler unterlaufen, derer er sich auch im Nachhinein überhaupt nicht bewusst ist und die auch vom Gericht unentdeckt bleiben. Trotzdem leistet die Annahme eines solchen Kodex immer einen Beitrag zur Verbesserung der Qualität, er gibt dem Dolmetscher wichtige und hilfreiche Leitlinien zur korrekten Verhaltensweise an die Hand und ist außerdem ein Zeichen für Professionalität.

Ein anderes Problem in diesem Zusammenhang ist, dass die Tragweite des geleisteten Eides der ICTR-Dolmetscher nicht klar geregelt zu sein scheint. So beschwert sich zum Beispiel ein Verteidiger, dass die Bewertung der Vertrauenswürdigkeit der Dolmetscher aufgrund dieses Eides inkonsequent gehandhabt wird:

[...] [T]wo weeks ago there was a problem of the oath given by the interpreters, and my colleagues opposite objected that official documents should be given to the interpreters. So either their oath was not sufficient at the time to give them documents but today their status under oath is sufficient to rely on them completely for matters of interpretation. So [...] we should come to settle this matter: Either the oath is sufficient or it isn't. (PJRD 26 2005:3)

Mehrfach wurden problematische Situationen aus den Gerichtssälen angesprochen, die durch einen umfassenden Kodex vermeidbar gewesen wären (vgl. Kapitel 4.2.4, 4.4.4, 4.5.2). Im Grunde besteht hier für das ICTR dringender Handlungsbedarf. Es ist jedoch sehr unwahrscheinlich, dass jetzt, im Jahre 2011, in dem das Mandat ursprünglich bereits ausgelaufen sein sollte, dieser Mangel schließlich doch noch behoben wird.

4.4.3 (Un)professionelles Verhalten der ICTR-Dolmetscher

Am ICTR lassen sich sowohl positive wie auch negative Verhaltensweisen der Dolmetscher feststellen. Im Folgenden wird dies an einigen Beispielen illustriert.

Gerichtsdolmetscher sind dazu verpflichtet, das Gericht sofort zu informieren, wenn sie Verständnisprobleme haben oder sie bemerken, dass ihnen ein Fehler unterlaufen ist (Kadric 2001:54; Mikkelson 2000:50). Fehler oder Unwissenheit aus falscher Eitelkeit zu überspielen wäre ein gravierendes Fehlverhalten und könnte schwerwiegende Folgen für den Zeugen oder Angeklagten nach sich ziehen. Die Untersuchung der Verfahrensprotokolle lässt den Schluss zu, dass sich die Dolmetscher des ICTR in dieser Hinsicht völlig korrekt verhalten und Vorkommnisse wie Fehler und Ähnliches sofort melden, damit sie geklärt werden können. Als anschauliches Beispiel dient eine Situation, in der die Dolmetscher einen sehr anspruchsvoll und metaphorisch geschriebenen Zeitungsartikel aus Kinyaruanda dolmetschen sollen:

THE ENGLISH INTERPRETER: [...] [T]he Kinyarwanda interpreters say they are not able to interpret the language, because they are not able to understand. THE WITNESS: I'm going to explain the terms [...]. (Kinyarwanda spoken), is for (Kinyarwanda spoken) comes from the word (Kinyarwanda spoken), and that is to lift the [...] mourning. (Kinyarwanda spoken) is – derived from the verb to wash, to clean. [...] It is difficult to translate a sentence if you don't have the full context. [...] And also the difficult nature of the text. [...]
Q[uestion]. The interpreters said the interpretation was esoteric and they were not able to interpret. And you said it means to clean, to wash Rwanda. [...]
THE ENGLISH INTEPRETER: The Kinyarwanda booth is not able to get a translation for (Kinyarwanda spoken) [...].

THE WITNESS: When it is a poetic term, it is difficult to get an exact correspondence in French, let alone in English.
(PJRD 34 2006:35 f.)

Auch folgendes Beispiel spricht sehr für das Verhalten der Dolmetscher:

A[nswer]. I still had the wounds and I was limping.
THE ENGLISH INTERPRETER: I am sorry this interpreter does not know word [sic] the other interpreter used. The lady had something else on the leg. [...] [T]he witness had said that she still had the wound on her leg which was also swollen. That was the term which had given me problems earlier.
(PJRD 5 2003:40 f.)

Hieran lässt sich ebenfalls gut aufzeigen, dass der Dolmetscher, der eigentlich die Aussagen des Zeugen immer in der 1. Person wiederzugeben hat, in Ausnahmefällen zur Klärung oder Vermeidung von Missverständnissen auch in der 3. Person sprechen darf (Berk-Seligson 2002:69). Die ICTR-Protokolle belegen, dass diese Regel von den ICTR-Dolmetschern eingehalten wird. Der Dolmetscher muss immer deutlich machen, für wen er gerade dolmetscht beziehungsweise oder ob er für sich selbst spricht (Mikkelson 2000:50). Diesem Grundsatz wird von den Dolmetschern des ICTR Rechnung getragen, indem sie oftmals eine Aussage mit dem Beisatz „says the interpreter/witness“ oder Ähnlichem einleiten oder abschließen (zum Beispiel PJRD 19 2007:42).
Gerichtsdolmetscher sind nicht befugt, eigenmächtig auf den Zeugen einzuwirken oder seine Aussagen abzuändern und auf diese Weise eventuell dessen Wahrnehmung durch das Gericht zu beeinflussen. Dennoch scheint dies auch am ICTR vorzukommen, wie folgender Auszug zeigt: „Me BERGEVIN: [...] [L]'interprète vient d'indiquer au témoin qu'elle indique la fenêtre. [...] [Il] prend sur lui de corriger le témoin. [...] [C]'est une question que vous devriez adresser immédiatement“ (PJRD 14 2003:45). Solche Verhaltensweisen sind selbstverständlich unzulässig. Ein weiteres derartiges Beispiel, das jedoch auch in Zusammenhang mit der Kooperation zwischen Juristen und Dolmetschern steht, wird in Kapitel 4.5.2 dargestellt.

4.4.4 Misstrauen gegenüber den Dolmetschern

Neutralität ist das oberste Gebot eines Gerichtsdolmetschers. Besteht der Verdacht, dass er ein persönliches, finanzielles oder sonstiges Interesse am Ausgang des Verfahrens hat, ist er sofort von dem Prozess auszuschließen (Mikkelson 2000:52). Doch selbst wenn sich der Dolmetscher völlig korrekt verhält, wird seine Neutralität dennoch oft angezweifelt und ihm wird unterstellt, er sei automatisch der Verbündete der fremdsprachigen Person, zum Beispiel aufgrund der gleichen ethnischen Zugehörigkeit (ebd. 53; Hale 2004:11). Diese Annahmen sind häufig Folge eines falschen Verständnisses der Rolle des Dolmetschers und dessen ethischen und moralischen Verpflichtungen (Hale/Luzardo 1997, zit. in Hale 2004:11).

> [There is] [...] a tendency to demonize all those who provide interlingual interpreting services in the legal system. These individuals are therefore expected to consistently betray the court's expectations of completeness and fidelity [...].
> (Morris 2008:1)

Das ICTR stellt in dieser Hinsicht keine Ausnahme dar. In seinem Falle kommt jedoch erschwerend hinzu, dass es, wie in Kapitel 4.4.2 erläutert, über keinen berufsethischen Kodex verfügt, mithilfe dessen sich zumindest die Juristen über die Rolle und die Pflichten der Dolmetscher informieren könnten.

Die Frage, ob es dem Dolmetscher, selbst wenn er es aufrichtig möchte, wirklich gelingt, bei solchen Verhandlungen wie am ICTR völlig unparteiisch die Aussagen der Gegenpartei zu dolmetschen, ist durchaus berechtigt. Zrinka Stahuljak, die sich mit dem Dolmetschen während des Jugoslawien-Konflikts beschäftigte, hält diese Neutralität für unmöglich: „[...] [T]he translation of a conflict cannot remain neutral, that the translator cannot remain a marginal on the border of the conflict" (Stahuljak 2000:47). Es geht also nicht unbedingt um absichtlich falsche Verdolmetschungen, sondern um die bereits in Kapitel 4.1.3 erwähnten unbewussten Fehler der Dolmetscher. Dies ist ein interessanter Aspekt, der jedoch im Rahmen dieser Arbeit nicht genauer untersucht werden kann, da bereits in den Protokollen die dazu unabdingbare Vorinformation fehlt, welcher „ethnischen" Gruppe der Dolmetscher angehört.

Ein anderer häufiger Vorwurf der Verteidigung gegenüber den Dolmetschern betrifft die Loyalität gegenüber dem Arbeitgeber:

> [...] [J]e voudrais vous dire également que l'interprète a un objectif. Il n'interprète pas dans l'intérêt du détenu ou dans l'intérêt de l'accusé. Il a son employeur qui lui a demandé de venir interpréter. Si le Procureur vient pour vous demander de porter des allégations, des charges contre quelqu'un, eh bien, nous, on n'a pas confiance dans les interprètes.
> (PJRD 24 2006:24)

Dies ist eine Unterstellung, die von wenig Kenntnis des Dolmetscherberufs zeugt. Natürlich gibt es immer schwarze Schafe, doch das normale Verhältnis zwischen Dolmetscher und Arbeitgeber ist wie folgt geregelt:

> [...] [P]rofessional interpreters are paid for their services, but this does not mean that they owe loyalty to the person paying them. Interpreters serve justice and the judicial system in general, they owe their loyalty to the interpreting profession.
> (Mikkelson 2000:52)

Ein anderer Aspekt, der das Verhältnis von Dolmetschern und Juristen belastet, ist die Macht, über die der Dolmetscher verfügt.

> Die Macht der DolmetscherInnen besteht – zumindest bei nicht westlichen Sprachen – darin, dass (meist) sie alleine wissen, welche Inhalte (wie) in beiden Sprachen kommuniziert werden. In diesem Informationsvorsprung liegt für die DolmetscherInnen ein beträchtliches Machtpotenzial, da es in ihrer Macht liegt, Äußerungen unvollständig oder manipulativ wiederzugeben.
> (Pöllabauer 2005:286)

Dieses Machtpotenzial könnte ein weiterer Grund sein, warum den Dolmetschern am ICTR oft mit Misstrauen begegnet wird. In der Tat beherrscht kaum einer der Juristen Kinyaruanda. Richterposten dürfen wegen Bedenken bezüglich der Neutralität nicht von Ruandern besetzt werden. Was die übrigen Juristen angeht, so hat die Recherche ergeben, dass nur ein kirundisprachiger Burunder, der aufgrund der sprachlichen Nähe Kinyaruanda versteht, am ICTR tätig ist. Das heißt, in den meisten Fällen sind die Juristen vollkommen darauf angewiesen, dass keiner der Dolmetscher seine Position missbraucht. Das gleiche gilt für die Zeugen, die mehrheitlich ausschließlich Kinyaruanda beherrschen. Sie haben keinerlei Möglichkeit, die Korrektheit der Verdolmetschungen zu überprüfen und hängen somit gänzlich von dem Dolmetscher, einer ihnen völlig unbekannten Person, ab. Ein solches Abhängigkeitsverhältnis bildet natürlich keine gute Vertrauensgrundlage. Berk-Seligson bringt die Problematik treffend auf den Punkt: „Some [...] might despair at the power of court interpreters, and at their potential for altering the intended meaning of witnesses' answers" (Berk-Seligson 2002:215). Der Dolmetscher muss sich dieser Macht bewusst sein, um richtig mit ihr umgehen zu können. Hierzu ist ein umfassender berufsethischer Kodex, der den Dolmetscher zu korrektem Verhalten anleitet, absolut notwendig: „[There is a] tremendous power wielded by the interpreter because he or she may be the only one present who understands both languages involved. [...] [I]t is the function of a code of ethics to guide the interpreter on how to wield that power" (Edwards 1988/1981, zit. in González/Mikkelson/Vásquez 1991:474). Das Fehlen eines solchen Kodex am ICTR stellt einen wirklich Mangel dar.
Vor allem die Leistung der Dolmetscher in den Ermittlerteams in Ruanda selbst wird später, bei erneuter Anhörung der Zeugen im Gerichtssaal oft

angefochten, sei es, weil den Dolmetschern wirklich Fehler unterlaufen waren, oder weil die Zeugen einen Teil ihrer Aussage zurückziehen möchten. Einwürfe wie den folgenden gibt es regelmäßig:

> [...] [T]he investigators would come and meet you with people who are seeking their own interests. [...] And the interpreters can say anything they want to say because I don't understand French. So, please, do not consider [...] that statement but, rather, my testimony today before the Court.
> (PJRD 25 2006:37)

Problematisch ist, dass der Dolmetscher während dieser zweiten Aussage normalerweise nicht anwesend ist und somit keinerlei Möglichkeit hat, etwas richtig zu stellen oder seine Leistung zu verteidigen. Für das Gericht erschwert diese Tatsache die Wahrheitsfindung enorm.

Sogar US-Gerichte müssen sich mit diesem Problem befassen: Der Angeklagte Elizaphan Ntakirutimana soll an das ICTR ausgeliefert werden, doch er protestiert dagegen, indem er sich (erfolglos) unter anderem auf nicht vertrauenswürdige Dolmetscher beruft:

> The investigators conducted most of their interviews through translators of English and French [...]. [...] [T]he witnesses spoke Kinyarwanda [...]. Ntakirutimana argues that the translators were not certified or screened for competence or bias, that there was an enormous potential for distortion [...], and that there was no way to gauge the accuracy of the translations.
> (UNHCR Ntakirutimana 1999)

Ein Ermittler des ICTR streitet diese Vorwürfe ab und verweist auf die Maßnahmen zur Qualitätssicherung bei der Aufnahme von Aussagen in Ruanda (vgl. Kapitel 4.4.1).

Im Fall *Seromba* behauptet ein Zeuge gar, von Mitarbeitern des Gerichts bedroht und zu der Unterschrift auf dem vom Dolmetscher absichtlich falsch verfassten Protokoll gezwungen worden zu sein. Das ICTR verwahrt sich gegen diese Anschuldigungen:

> Monsieur le Témoin, vous avez fait [...] le récit des tortures perpétrées par les autorités rwandaises, les pressions exercées [...] sur vous par les autorités judiciaires rwandaises par African Rights, par le Procureur du TPIR et les enquêteurs, de même que les interprètes du TPIR ont concocté des récits que vous avez été forcé de signer. [...] Toutes ces histoires [...] sont [...] une tentative de rejeter la déposition cohérente que vous aviez eu à faire pendant les huit ou neuf dernières années.
> (PJRD 24 2004:47)

Das Problem des Misstrauens scheint sich am ICTR selbst allerdings meist auf die Kinyaruanda-Dolmetscher zu beschränken. Ein Dolmetscher des ICTR für die Sprachen Englisch und Französisch berichtet, dass es ihm persönlich noch nicht widerfahren sei, dass eine der Parteien seine Vertrauenswürdigkeit angezweifelt hätte, wohl aber seinen Kollegen für Kinyaruanda (Umfrage Antwort 1). Der Vorwurf hier lautet üblicherweise, dass der Dolmetscher aufgrund der unterschiedlichen „ethnischen" Zugehörigkeit absichtlich zu Ungunsten des Angeklagten dolmetsche. Es herrscht ein ständiges Misstrauen zwischen den Verteidigern der Angeklagten, die ausschließlich der Gruppe der Hutu angehören, und den Dolmetschern, die überwiegend Tutsi sind (PJRD 26 2005:4). Auch die Zeugen misstrauen den Dolmetschern, da deren „ethnische" Zugehörigkeit nicht eindeutig ersichtlich ist, und sie somit als potenzielle Feinde wahrgenommen werden. Ein ruandischer Dolmetscher des ICTR bestätigt dies und weist insbesondere auf die unangenehme Situation während des Konsekutivdolmetschens hin:

> [...] [A]vant 2003, l'interprète kinyarwanda était assis à côté du témoin. Le témoin prenait l'interprète pour un gêneur, un méchant, un ennemi qui l'embête, surtout lorsque le contre-interrogatoire commence, car les choses deviennent difficiles. [...] Il ne sait pas que vous êtes en train de faire votre travail. Il vous prend pour un ennemi, pour un Hutu ou pour un Tutsi. [...] Voilà, c'est un autre problème que l'interprète kinyarwanda rencontre.
> (ICTR 11 2009:42)

Besonders die Verteidigung beruft sich oftmals auf Fehler oder Unklarheiten beim Übersetzen und Dolmetschen oder beschuldigt die Dolmetscher absichtlicher Fehler, um Zeugenaussagen gegen den Angeklagten zu entkräften. Hier einige Beispiele: Im Fall *Military II* gibt es zwei Gerichtsprotokolle, in denen ein Verteidiger eine Unstimmigkeit zwischen der englischen und französischen Verdolmetschung eines Wortes zum Anlass nimmt, sehr hartnäckig (im Protokoll über mehrere Seiten hinweg) die Vertrauenswürdigkeit der Dolmetscher anzuzweifeln und seiner Meinung nach absichtlich begangene Fehler anzuprangern (PJRD 17 2005:57 ff.; PJRD 26 2005:2 ff.). Die Anklage und der Vorsitzende des Gerichts hingegen verteidigen die Dolmetscher. Eine hitzige Debatte um die Vertrauenswürdigkeit der Kinyaruanda-Dolmetscher entbrennt. Folgender Wortwechsel beschließt die Diskussion für jenen Verhandlungstag:

> MR. BLACK: As a result of that, we may demand that we have independent interpreters brought in who have less bias than these ones.

MR. PRESIDENT: And if you have anything against the interpreters, [...] you are free to complain to the authorities.
MR. BLACK: Then I may have to do that.
(PJRD 17 2005:61)

Einige Tage später wird das Thema erneut aufgegriffen und der Verteidiger wiederholt seine Anschuldigungen. Der Ankläger protestiert jedoch und stützt sich dabei auf den Eid, den die Dolmetscher leisten müssen:

MR. BLACK: [...] And I'm afraid we no longer have any confidence in the Kinyarwanda interpretation. [...]
MR. VAN: Mr. President, with your permission, sir, we cannot accept these insinuations from Mr. Black. [...] But I don't think there is any reason for casting doubt on the oath of the Kinyarwanda interpreters.
(PJRD 26 2005:2 f.)

Der Verteidiger untermauert seine Beschuldigung mit dem folgenden Argument:

And I'm informed that [...] – with a couple of exceptions, all of the translators are Tutsis so they come from the enemy camp. So how can we have reliance and trust this trial is being translated fairly and these witnesses are not being assisted by the translators when we don't have that confidence? [...] It has to be suspended until we can get interpreters satisfactory to both sides.
(PJRD 26 2005:4)

Außerdem verdächtigt er den Ankläger, dem Zeugen mit Hilfe des Dolmetschers, der die Wortwechsel zwischen den Parteien auf Französisch versteht, Antworten zu suggerieren (PJRD 26 2005:22). Dieser Vorwurf kann zwar weder entkräftet noch bestätigt werden, doch er spiegelt die von Misstrauen geprägte Atmosphäre im Gerichtssaal wieder. Während einer anderen Sitzung beschuldigt der gleiche Verteidiger einen Dolmetscher, einem Zeugen Zeichen gegeben zu haben (*Hirondelle* 7 2005).
Die Erläuterungen eines Ermittlers des ICTR weisen darauf hin, dass den Dolmetschern auch von Seiten der Anklage anscheinend nicht uneingeschränkt vertraut wird:

[...] [M]ost Rwandans fall on one side or the other of the divide. So the interpreters themselves are into that movement. How do you get the best if they filter out some of the important information being communicated by the witness? So it's difficult.
(ICTR 11 2009:46)

Von diesem Problem einer fehlenden Vertrauensbasis sind nicht nur die Dolmetscher allein betroffen. Es kommt durchaus vor, dass auch gegenüber den übrigen ruandischen Mitarbeitern des Gerichtshofs, die zur Kommunikation mit der ruandischen Bevölkerung und insbesondere den Zeugen angestellt sind, eine von Misstrauen geprägte Grundeinstellung vorherrscht, weil sie verdächtigt werden, entweder Spione der amtierenden Tutsi-Regierung oder der Hutu zu sein (Peskin 2005:959). Auch die Juristin Carla del Ponte, ehemalige Chefanklägerin des ICTR und des ICTY, beschreibt das allgemeine Misstrauen gegenüber ruandischen Mitarbeitern:

> We knew that the intelligence service of Rwanda had received monitoring equipment from the United States which was used for phone calls, faxes and the internet. We suspected that the authorities had also infiltrated our computer network and placed agents among the Rwandan interpreters and other members of the team in Kigali. (*Hirondelle* 16 2008)

Die Darstellung in diesem Kapitel zeigt, dass ein fehlendes Vertrauen in die Neutralität der Dolmetscher am ICTR ein Problem mit vielen Facetten ist. Meistens handelt es sich um unbegründete Vorwürfe oder Schutzbehauptungen der Zeugen, jedoch nicht in allen Fällen, wie im Folgenden deutlich wird.

4.4.5 Fallbeispiele

Es gibt mehrere Beispiele für Fälle, in denen einzelne Dolmetscher oder auch Übersetzer des ICTR – mal zu Recht, mal zu Unrecht – der Parteilichkeit beschuldigt werden.

Während des *Butare*-Verfahrens etwa unterstellt die Anklage der Verteidigung Folgendes: „An interpreter with the Defenceteam was identified by a prosecution witness as Rwandan national and a former member of the Interahamwe (Hutu militia), by the name of Joseph Biroto Nzabirinda" (*Hirondelle* 15 2001). Zwar zieht die Verteidigung diesen Vorwurf später wieder zurück und räumt einen Irrtum ein, dennoch bleibt ein fahler Nachgeschmack, die Verteidigung klagt über ein „climate of suspicion" am ICTR (*Hirondelle* 15 2001).

Ein anderes Mal wird ein Übersetzer des ICTR festgenommen, weil er mit gefälschtem ugandischen Pass unter falschem Namen am ICTR angestellt sein soll (*Hirondelle* 5 2001). Es wird vermutet, dass er in Wirklichkeit ruandischer Staatsbürger ist (*Hirondelle* 1 2001). Die Verteidiger des Angeklagten Semanza bestreiten, dass er Teil ihres Teams gewesen sei, vielmehr wäre er entgegen ihrem Wunsch von der Kanzlei als eine Art freiberuflicher Übersetzer angestellt worden (ebd.). Hinzu kommt, dass

betreffender Übersetzer über sensible Dokumente der Verteidigung verfügt, die nach der Verhaftung erst einmal zurückgefordert werden müssen. Das ICTR wird wegen mehrerer Fälle dieser Art, die neben Sprachmittlern auch Ermittler betreffen, vom Sonderbeauftragten der ruandischen Regierung am ICTR scharf kritisiert: „The laxity and porosity that has been making it possible for the genocide suspects to [...] be employed in the ICTR, all of these should be closed" (*Hirondelle* 9 2001).
Die belgische Tageszeitung *Le Soir* deckt 2009 auf, dass es sich bei einem Dolmetscher des ICTR, Fabien Singaye, um den Schwiegersohn von Félicien Kabuga handelt (Braeckman 2009). Zwar wird in diesem Artikel von *Le Soir* das Wort „traducteur" verwendet, in der Folge wird jedoch ersichtlich, dass eigentlich „interprète" gemeint ist. Kabuga soll den Völkermord und RTLM mitfinanziert haben (ebd.; Dupaquier, zit. in de Benito 2010). In der Tat wird Kabuga des Genozids beschuldigt und steht auf der Fahndungsliste des ICTR (ICTR 30 2010; Interpol). Singaye selbst lebte bis 1994 als Mitarbeiter der ruandischen Botschaft in der Schweiz, wurde jedoch wegen verbotener nachrichtendienstlicher Tätigkeiten des Landes verwiesen (Bundesversammlung 1994; Braeckman 2009). Ihm wird vorgeworfen, Berichte über ruandische Diplomaten und Militärs, die heimlich Tutsi-Frauen geheiratet hatten, zusammengestellt und versucht zu haben, Kabuga in die Schweiz einzuschleusen (Dupaquier, zit. in de Benito 2005). Seine Neutralität als Dolmetscher ist folglich in höchstem Maße fraglich und seine Anstellung am ICTR deshalb nicht tragbar. Der Historiker und Journalist François Dupaquier, der auch als Sachverständiger vor dem ICTR aussagt, bewertet den Fall Singaye folgendermaßen:

> Fabien Singaye a-t-il influencé l'enquête du juge Bruguière ? Il est légitime de se poser la question. Dans la plupart des États de droit, le choix comme interprète d'un individu aussi controversé suffirait à faire invalider l'ensemble de l'instruction.
> (zit. in de Benito 2010)

Wie *Le Soir ber*ichtet, erkannten viele der zunächst mithilfe von Singaye befragten Zeugen ihre angeblichen Aussagen später im Gerichtssaal nicht wieder (Braeckman 2009). Dem französischen ICTR-Richter Brugière wird vorgeworfen, Ungereimtheiten nicht auf den Grund gegangen zu sein:

> Il apparaît en effet que le magistrat français ne s'est pas rendu sur le terrain, n'a pas confronté des témoignages contradictoires, ni recoupé les faits. Mais surtout, il s'est fié à des témoins qui lui avaient été amenés « sur un plateau », et dont les propos étaient

traduits par Fabien Singaye.
(Braeckman 2009)

Singaye selbst reagiert in Gegeninterviews auf die Anschuldigungen, indem er keine der Informationen leugnet, wohl aber ihre Interpretation anfechtet:

Oui, j'ai servi d'interprète au juge [...] Bruguière. Étant donné que je ne l'ai jamais nié, il est parfaitement inutile de citer le quotidien belge Le Soir. [...] Oui, je suis le gendre de M. Kabuga; mais quel lien autre que celui de parenté peut-on raisonnablement établir ? [...] Il faut cesser de jeter l'opprobre sur l'ensemble des Rwandais ayant travaillé pour le gouvernement Habyarimana.
(Jeune Afrique 2009)

In den öffentlich zugänglichen Dokumenten des ICTR sind allerdings keine Angaben zu Singaye zu finden. Dieser Fall ist in der Tat sehr besorgniserregend und wirft ein überaus schlechtes Licht auf die Arbeitsweise des ICTR, das bei der Einstellung seiner Dolmetscher und Übersetzer und auch Ermittler offenbar nicht die nötige Sorgfalt walten lässt.

4.4.6 Einfluss des Dolmetschens auf die Glaubwürdigkeit der Zeugen

In diesem Kapitel wird untersucht, welchen Einfluss das Zwischenschalten von Dolmetschern und damit auch vermeintliche oder tatsächliche Dolmetschfehler auf die Bewertung der Glaubwürdigkeit der Zeugen von Seiten des Gerichts haben. Thematisiert wird dieser Aspekt beispielsweise im Urteil gegen Akayesu:

The Chamber will address certain general evidentiary matters of concern which arose in relation to the evidence produced by the parties during this trial. These matters include [...] questions of interpretation from Kinyarwanda into French and English [...].
(PJRD 2 1998:67)

Das ICTR berücksichtigt die sehr unterschiedlichen Dolmetschbedingungen im Gerichtssaal einerseits und in Ruanda anderseits. Macht ein Zeuge zu verschiedenen Zeitpunkten widersprüchliche Angaben, sind die Dolmetschschwierigkeiten bei der Befragung der Zeugen in Ruanda zu beachten: „[...] [L]es incohérences relevées entre les dépositions des témoins et les déclarations souscrites avant le procès doivent être appréciées à la lumière des difficultés liées notamment à l'interprétation [...]“ (ICTR 31 1999:126 f.). Das ICTR betont, im Falle solcher Unstimmigkeiten der Aussage und dem Verhalten des Zeugen während der

Vernehmung vor Gericht größere Bedeutung beizumessen als den in Ruanda aufgenommenen Aussagen, da es die Umstände dieser früheren Befragung nicht beurteilen kann:

> [...] [T]he Chamber did not have access to transcripts of the interviews, but only translations thereof. It was therefore unable to consider the nature and form of the questions put to the witnesses, or the accuracy of interpretation at the time.[...] [S]everal witnesses were illiterate and stated that they had not read their written statements. [...] [T]he probative value attached to the statements is [...] considerably less than direct sworn testimony before the Chamber [...].
> (PJRD 2 1998:69)

Beim Bewerten der Zuverlässigkeit von Zeugenaussagen sind auch kulturelle Einflüsse zu berücksichtigen. Dem Urteil gegen Alfred Musema zufolge wird dem am ICTR Rechnung getragen: „La Chambre n'a tiré aucune conclusion négative quant à la crédibilité des témoins lorsque les contraintes culturelles ont paru les amener à répondre indirectement à certaines questions délicates" (PJRD 11 1998:38 f.). Damit sind auch Unsicherheiten und Missverständnisse bezüglich Zeitpunkten und Entfernungen sowie die übrigen in Kapitel 4.7 behandelten Phänomene gemeint (ebd.). Dieses Vorgehen wird von Beobachtern zu Recht positiv bewertet, so zum Beispiel hier: „This reflects a progressive understanding of contemporary research on linguistics and cultural context [...]" (Byrne 2007:633). Die Verteidigung im Fall *Kayishema* hingegen schätzt den Wert der Zeugenaussagen aufgrund dieser kulturellen Faktoren und der daraus resultierenden Dolmetschschwierigkeiten als fragwürdig ein:

> [...] [B]ecause of the difficulty of transferring information in the one language, into French or English, the fact of transferring the culture and [...] information on events [...] we should be very circumspect regarding the testimony that were adduced before your court [...].
> (PJRD 18 1998:163)

Wenn es zu Kommunikationsproblemen kommt, können diese jedoch nicht generell an kulturellen Eigenheiten oder der vermeintlichen Unaufrichtigkeit der Zeugen festgemacht werden. In manchen Fällen liegt die Ursache schlichtweg in Dolmetschfehlern. So wird einem französischsprachigen Zeugen zunächst vorgeworfen, keine klare Antwort geben zu wollen, da er auf eine in Englisch gestellte „warum"-Frage zunächst mit einer Zeitangabe antwortet. Bei genauerer Betrachtung stellt sich allerdings heraus, dass der Französisch-Dolmetscher beim ersten Mal fälschlicherweise „quand" statt „pour quelle raison" dolmetschte (ICTR 1 2005:16 f.). Dieses Beispiel

zeigt, dass für eine richtige Einschätzung der Zeugen in jedem Fall individuell geprüft werden muss, ob es sich bei auf den ersten Blick unglaubwürdig wirkenden Zeugenaussagen um Dolmetschschwierigkeiten aufgrund der kulturellen Besonderheiten, um Dolmetschfehler oder um bewusste Falschaussagen der Zeugen handelt.
Ein anderer Aspekt in diesem Zusammenhang ist der häufige Vorwurf der Ungleichbehandlung gegenüber der Anklage von Seiten der Verteidigung, wenn es beispielsweise um die Bewertung von widersprüchlichen Zeugenaussagen geht:

> But what is particularly troubling [...] is that the Judges had discounted those very statements when there were inconsistencies. Well, that is a transcription error; well, that is a translation error. How can you have confidence in the statement when it bolsters the Prosecution's case, but no confidence in the statement when it harms the Prosecution's case?
> (PJRD 41 2004:48)

Auch sollten Richter und Anwälte beachten, dass bei gedolmetschten Zeugenaussagen nicht in gleicher Weise Rückschlüsse auf die Persönlichkeit des Zeugen gezogen werden können wie bei nicht gedolmetschten, da sich eine völlige Deckungsgleichheit zwischen Original und Verdolmetschung nicht erzielen lässt und zwangsläufig auch immer ein Stück der Persönlichkeit des Dolmetschers mitschwingt (Lankisch 2004:35). Inwieweit die Juristen des ICTR hierfür sensibilisiert sind, ist jedoch mithilfe der Gerichtsprotokolle nicht festzustellen.

4.4.7 Der Dolmetscher als „Sündenbock"

In Ruanda aufgenommene Zeugenaussagen werden in Englisch oder Französisch niedergeschrieben und dann für den Zeugen Stegreif in Kinyaruanda zurückübersetzt (PJRD 24 2006:22 f.). Wenn es keine Einwände gibt, bestätigen sowohl der Zeuge als auch der Ermittler und auch der Dolmetscher die Richtigkeit der Angaben mit ihrer Unterschrift (ebd.). Gibt es Unstimmigkeiten zwischen der ursprünglichen Aussage eines Zeugen und der späteren Aussage vor Gericht, werden diese Diskrepanzen vom Zeugen oftmals den Ermittlern oder dem Dolmetscher zur Last gelegt. In den Protokollen der Verhandlungen gibt es unzählige Beispiele für Fälle, in denen ein Zeuge erklärt, der Dolmetscher damals in Ruanda hätte sich geirrt oder einen Fehler gemacht.[65] Zwar ist nicht

[65] Zum Beispiel PJRD 42 2005:58; PJRD 43 2005:23; Hirondelle 14 2003; PJRD 24 2006:19.

auszuschließen, dass es beim Dolmetschen und Protokollieren der Erstaussagen zu Fehlern kommt, allerdings ist es für das Gericht überaus schwierig zu beurteilen, in welchen Fällen dies zutrifft und in welchen es sich lediglich um Schutzbehauptungen unehrlicher Zeugen oder Angeklagter handelt (vgl. Kapitel 4.4.6).

In den bisher genannten Fällen wird den Dolmetschern keine böse Absicht, sondern einfach nur ein Fehler unterstellt. Doch manche Zeugen gehen noch weiter und werfen dem Dolmetscher eine absichtliche Verzerrung ihrer Aussagen vor (vgl. Kapitel 4.4.4). Ein Zeuge beschuldigt etwa den Dolmetscher, ihm nicht den wahren Inhalt des englischen oder französischen Protokolls übersetzt zu haben, was er selbst jedoch aufgrund fehlender Sprachkenntnisse nicht erkennen konnte:

> [Question :] Et vous avez reconnu [...] que cette déclaration vous a été relue et que vous étiez satisfait de cette traduction [...] ?
> [Réponse :] [...] [L]orsque les enquêteurs du TPIR se présentent devant vous, ils ne vous « traduit » [sic] pas le contenu de la déclaration, les déclarations sont rédigées soit en français ou en anglais parce que c'est la langue qu'utilisent les enquêteurs. [...] Pourquoi est-ce que [...] la déclaration n'a pas été consignée en kinyarwanda ?
> (PJRD 24 2006:22)

Dies ist also gleichzeitig auch ein Beispiel für den Dolmetschern entgegengebrachtes Misstrauen. Andere behaupten, der Dolmetscher hätte ihnen ihre Aussage am Schluss der Befragung nicht noch einmal vorgelesen, während dieser beteuert, das Protokoll Stegreif in Kinyaruanda übersetzt zu haben (PJRD 9 2002:145 f.).

Die Kritik daran, als Zeuge nie ein Dokument der eigenen Aussage in der eigenen Sprache zu bekommen, ist hingegen verständlich. Schließlich geht es um sehr schwerwiegende Anklagen. Falsche Anschuldigungen oder eine falsche Darstellung der Ereignisse aufgrund von Missverständnissen können fatale Folgen für alle Betroffenen haben.

Das Gefühl, als Sündenbock zu dienen, ist aber auch den Dolmetschern im Gerichtssaal nicht fremd, wie einer von ihnen erklärt:

> [...] [T]out interprète doit être neutre. Il doit tout faire pour rendre fidèlement le message d'origine [...] avec toutes les nuances. Et, en un moment donné, [...] tout le prétoire, nous [...] [regarde] en croyant que nous sommes défaillants parce que nous prenons beaucoup de temps de recul pour comprendre le message en kinyarwanda [...]. Comme la grande majorité des personnes [...] ne comprend pas le kinyarwanda, l'interprète kinyarwanda devient le bouc émissaire tout désigné.
> (ICTR 11 2009:43)

Der Grund hierfür ist ein fehlendes Verständnis des Dolmetschprozesses. Nicht nur die Kinyaruanda-Dolmetscher sind von diesem Problem betroffen. Ein Dolmetscher für Französisch und Englisch erklärt, er fühle sich bei Kommunikationsproblemen oft als Sündenbock, da beispielsweise zweisprachige Anwälte es sich oft herausnehmen, die Leistung der Dolmetscher zu kritisieren (Umfrage Antwort 1).

4.5 Zusammenarbeit mit Richtern und Anwälten

4.5.1 Kommunikation über Dolmetscher – eine ungewohnte Situation

An nationalen Gerichten tätige Juristen verfügen zumeist über keine große Erfahrung in der Zusammenarbeit mit Dolmetschern während einer Gerichtsverhandlung. Wenn es doch einmal einen fremdsprachigen Prozessbeteiligten gibt, reicht normalerweise ein Dolmetscher, um die Kommunikation zur gewährleisten. Der Richter sowie die juristischen Vertreter der verschiedenen Parteien kommunizieren in einer gemeinsamen Sprache, üblicherweise ihrer Muttersprache.

An internationalen Gerichtshöfen wie dem ICTR ist der Einsatz von Dolmetschern hingegen nicht die Ausnahme, sondern die Regel. Für das ICTR bedeutet dies: Selbst wenn der Zeuge Englisch oder Französisch spricht, muss jede Aussage immer auch in die andere Arbeitssprache des Gerichts gedolmetscht werden. In der überwiegenden Mehrheit der Fälle kommt jedoch Kinyaruanda als dritte Sprache noch hinzu.

Die Juristen am ICTR müssen sich zwangsläufig mit einer völlig neuen Situation auseinandersetzen und, sofern sie an einer reibungslosen Kommunikation interessiert sind, lernen, wie man mit einem Simultandolmetscher arbeitet, welche Besonderheiten das Konsekutivdolmetschen mit sich bringt und wie Relaisdolmetschen funktioniert. Denn das richtige oder falsche Verhalten der Juristen kann enorme Auswirkungen auf die Dolmetschleistungen haben.

Den Juristen muss bewusst werden, wie essentiell optimale Leistungen der Dolmetscher für die Gerichtsverfahren sind, und zwar nicht nur in Hinblick auf die Verfahrensdauer, sondern auch in Hinblick auf die Wahrheitsfindung. Diese Problematik wird auch in allgemeiner Literatur zum Gerichtsdolmetschen angesprochen und betrifft folglich nicht ausschließlich das ICTR. Hale schreibt beispielsweise: „[...] [L]awyers must become aware of the difficulties of the interpreting process and recognise that it is an activity that requires fully qualified, trained professionals [...]“ (Hale 2004:2). Doch kommt dieser Aspekt am ICTR aufgrund des ständigen

Einsatzes von Dolmetschern und der Verdolmetschung in mehrere Sprachen im Vergleich zu nationalen Gerichten besonders zum Tragen.

4.5.2 Rollenverständnis

Die Rolle des Gerichtsdolmetschers wird sowohl von Richtern als auch von Anwälten häufig missverstanden (ebd. 1). Dies gilt auch für das ICTR. Juristen sind oft nur schlecht über die Verhaltensregeln und ethischen Grundsätze der Dolmetscher informiert (wobei dies am ICTR auch auf das Fehlen eines berufsethischen Kodex zurückzuführen ist). Aus diesem Grund werden die Dolmetscher bisweilen zu Arbeitsweisen aufgefordert, die gegen ihre beruflichen Prinzipien verstoßen.

In dolmetschwissenschaftlicher Literatur wird beispielsweise das Problem beschrieben, dass sich Juristen, meist wenn sie die Geduld verlieren oder ein Kommunikationsproblem für große Verwirrung sorgt, direkt an den Dolmetscher wenden und mit ihm ein Gespräch über den Zeugen führen, anstatt den Zeugen direkt anzusprechen (Berk-Seligson 2002:61). Auch in den Verfahrensprotokollen des ICTR finden sich hierfür zahlreiche Belege.[66] Dies entspricht nicht der korrekten Arbeitsweise eines Dolmetschers, der die Aussagen direkt in der 1. Person wiedergeben soll. Es zeigt sich, dass die Qualität seiner Arbeit direkt von der Kooperation der Juristen abhängt.

Ein weiteres Beispiel: Am ICTR verlangen die Juristen von den Dolmetschern zuweilen, bestimmte Wortwechsel unter den Juristen für den Zeugen nicht zu dolmetschen, da ihm sonst eine Antwort suggeriert werden oder er sonstige nicht für seine Ohren bestimmte Informationen erhalten könnte:

> MR. SEGATWA: [...] [W]e had said that interventions between the Judge and the attorneys should not be translated for the witness, but I see that everything has been translated for the witness, and obviously, when counsel puts questions to him, he will answer according to your suggestion, Mr. President.
> MR. PRESIDENT: [...] We must tell the booth; they don't know when to stop.
> (PJRD 46 2005:6)

In einem anderen Beispiel kritisiert ein den Dolmetschern gegenüber besonders misstrauischer Verteidiger, dass die Dolmetscher auch dann ihre Kopfhörer weiterhin aufbehalten und zuhören oder dolmetschen, wenn die Juristen unter sich etwas diskutieren und eigentlich nicht gedolmetscht werden soll (PJRD 26 2005:4). Die Aufgabe des Gerichtsdolmetschers

---

[66] Zum Beispiel PJRD 40 2004:4; PJRD 5 2003:53; PJRD 3 2003:3, 30, 32.

besteht jedoch darin, einen fremdsprachigen Prozessbeteiligten in die gleiche Position zu versetzen wie jemanden, der die Arbeitssprache des Gerichts beherrscht und folglich jede Unterhaltung der Juristen problemlos verfolgen kann. Er ist also dazu verpflichtet, alle Äußerungen der Parteien zu dolmetschen (Mikkelson 2000:56).

Dieser Grundsatz impliziert jedoch auch, dass der Dolmetscher nicht ständig zusätzliche Erläuterungen und Hintergrundinformationen für die fremdsprachige Person liefern muss, da auch ein Muttersprachler bei Gericht oft mit Verständnisschwierigkeiten konfrontiert ist (Mikkelson 2000:2 f.; Kadric 2001:31). Auch dessen müssen sich die Juristen bewusst sein. Dem Dolmetscher kommt vor Gericht folglich nicht die Rolle des Vermittlers im traditionellen Sinne zu (Hale 2004:10).

Anwälte und Richter haben mit ihrer Formulierungs- und Sprechweise ganz entscheidend Anteil am Erfolg oder Misslingen der Kommunikation. Es ist nicht Aufgabe des Dolmetschers, unklare oder schlecht ausgedrückte Fragen sprachlich zu verbessern. Zu komplizierte Fragen und doppelte Verneinungen etwa sollten deshalb vermieden werden, außerdem ist der Zeuge direkt und eindeutig anzusprechen (Edwards 1995:93 f.).

Das mangelnde Wissen über die Arbeit von Gerichtsdolmetschern führt mitunter auch dazu, dass sogar das eindeutige Fehlverhalten eines Dolmetschers gelobt statt getadelt wird. In einem konkreten Fall wird dies in Folge als Berufungsgrund genutzt: „The Appellant alleges that the Trial Chamber twice committed an error of law [...] by directing interpreters not to interpret what the witnesses actually said“ (UNHCR Rutaganda 2003:233.). Es geht hier um zwei Vorfälle, bei denen der vorsitzende Richter jeweils den Dolmetscher dafür lobt, die Aussage des Zeugen in der Verdolmetschung abgemildert zu haben. In dem einen Fall dolmetscht er den Zeugen mit: „[...] [N]o, that's not what I said“, statt: „No, you're lying!“ (ebd. 234.). Der Richter reagiert hierauf folgendermaßen: „You were right to translate it that way, to soften the blow a bit, so to speak. It is not admissible for you to use such language. This is the first time we have heard a witness use such terms in such an impolite manner“ (ebd.). Der zweite Fall liegt ganz ähnlich: „THE INTERPRETER: [...] In fact he said you are lying but I interpreted that as saying that's not true. MR. PRESIDENT: You were correct in not translating verbatim exactly what he said (...)“ (ebd.). Diese Bewertungen sind nicht nachvollziehbar und können nur auf mangelndes Wissen des Richters zurückgeführt werden, denn ein Gerichtsdolmetscher hat nicht die Aufgabe, zwischen zwei Parteien zu vermitteln, sondern muss eine Aussage mit all ihren Nuancen dolmetschen, selbst wenn ihm der Inhalt unangenehm ist. Beide angeführten Situationen hätten durch die Einhaltung eines berufsethischen Kodex wie dem des ICTY vermieden werden können, denn dieser besagt: „Interpreters shall convey the whole message, including vulgar or derogatory remarks, insults [...]“ (ICTY Code 1999:14). Dem ICTR ist zugute zu halten, dass im Berufungsurteil das Thema der Genauigkeit beim Dolmetschen eingehend behandelt und das Verhalten des Richters als falsch bewertet wird:

> 235. [...] Although interpretation does not require word for word translation, it must be as accurate as possible, while taking into account [...] the language level and cultural context of the person being interpreted. The [expression] [...] "you are lying" [...] [imputes] an intention to the person to whom they are addressed, which intention is not present in the more objective expression "I did not say that" or "that is not true." [...]
> 236. [...] [T]he two remarks by the Presiding Judge approving what the interpreter said, which amounts to cushioning the offensive remarks by the witnesses, hardly seem to be consistent with the requirement of accuracy of the trial record.
> (UNHCR Rutaganda 2003:235. f.)

Im zweiten Fall stellt sich schließlich zusätzlich heraus, dass es sich um ein Missverständnis handelte und der Zeuge nicht den Verteidiger als Lügner, sondern den Inhalt eines verlesenen Dokuments als unwahr bezeichnete. Im Berufungsurteil wird zudem kritisiert, dass das Missverständnis nicht mit dem Zeugen direkt geklärt, sondern dass, wie so oft, nur mit dem Dolmetscher diskutiert wurde (ebd. 234., 236.).
Die in diesem Kapitel dargestellten Probleme hängen mit einer falschen Vorstellung der Rolle des Dolmetschers unter den Juristen zusammen. Weitere Schwierigkeiten resultieren jedoch auch aus einem mangelnden Wissen der Richter und Anwälte über die unterschiedlichen Dolmetschprozesse.

4.5.3 Unkenntnis des Dolmetschprozesses von Seiten der Juristen

In den Verfahrensprotokollen des ICTR finden sich zahlreiche Beispiele, die belegen, dass die Juristen nicht über ausreichende Kenntnisse der verschiedenen Dolmetschtechniken verfügen. Die Folgen sind unkooperatives Verhalten, das eine gute Verdolmetschung und somit eine erfolgreiche Kommunikation erschwert, sowie mitunter auch Unverständnis und Verärgerung, wenn die Dolmetscher erklären, bestimmte Leistungen schlichtweg nicht erbringen zu können.
Hier zunächst ein Beispiel mit Konsekutivdolmetschen, das die falschen Vorstellungen und Erwartungen der Juristen illustriert: Während der Befragung eines Zeugen benutzt der Konsekutivdolmetscher für

Kinyaruanda-Französisch den Ausdruck „systematisch auswählen“, eine nicht näher benannte Person wendet jedoch ein, dass der Zeuge in Kinyaruanda das Wort „systematisch“ gar nicht gebraucht habe (PJRD 5 2003:61). Der mit der Technik des Konsekutivdolmetschens nicht vertraute Vorsitzende bittet den Dolmetscher daraufhin, zur Klärung der Frage die Antwort des Zeugen noch einmal „vorzulesen“:

MR. PRESIDENT: Yes, Interpreter, can you read back the answer, if you still have it on board, and then we'll find a way of verifying that.
THE INTERPRETER: I'm sorry, Mr. President, I take notes down in signs, but I did use the term "systematic selection" because the witness used the term *Vahery Rwanday*, and *Rwanday* is proceeding in a systematic manner. To begin from one side is *Kuhera kamuhundi* but systematic is *Buhera muwanday*.
MR. PRESIDENT: Okay, that's very complicated.
(PJRD 5 2003:61)

Die letzte Aussage des Vorsitzenden spiegelt zudem die in den Protokollen immer wieder durchklingende Resignation der Juristen wieder, wenn es um die Klärung sprachlicher Fragen, insbesondere die kinyaruandische Sprache betreffend, geht.

Auch wenn von den Dolmetschern verlangt wird, nur wenige Sätze anstatt größere Sinneinheiten am Stück zu dolmetschen, was sowohl der Kohärenz als auch dem Textfluss schadet, zeugt dies von mangelndem Wissen über den Prozess des Konsekutivdolmetschens (vgl. Kapitel 4.3.1).

Das Simultandolmetschen ist gekoppelt an bestimmte technische Einschränkungen, an welche die Juristen ihr Verhalten anpassen müssen. Der häufigste Fehler bei der Arbeit mit Simultandolmetschern ist zum einen, dass die Anwälte „in der Hitze des Gefechts“ viel zu schnell sprechen, und zum anderen, dass sie einfach vergessen, ihr Mikrofon einzuschalten oder aus zu großer Entfernung in das Mikrofon hineinsprechen. Die Dolmetscher des ICTR verhalten sich in solchen Situationen völlig korrekt, indem sie die Verhandlung unterbrechen und auf das Problem aufmerksam machen. Fast in jedem Protokoll finden sich hierfür mehrere Beispiele. Häufig werden auch die notwendigen Pausen zwischen zwei Rednern mit der gleichen Sprache nicht eingehalten, da die Beteiligten nicht daran denken, dass der Dolmetscher immer nur eine Person dolmetschen kann (zum Beispiel PJRD 34 2006:3; PJRD 14 2003:71). Ein ICTR-Dolmetscher erklärt, dass dies den Juristen besonders schwer fällt, wenn ein hohes Tempo beim Kreuzverhör Teil ihrer Strategie ist: „The parties had to learn to pause before speaking [...] (especially when they want to react quickly to impeach a witness during cross-

examination.) You often find lawyers speaking while the interpreters are still interpreting" (Alderman 2005, zit. in Karton 2008).
Besonders kritisch zu bewerten bei der Praxis des Kreuzverhörs unter Einsatz von Dolmetschern ist, dass die Juristen insbesondere den sprachlichen Nuancen sowie der Schnelligkeit oder Flüssigkeit der Antworten Bedeutung beimessen, gerade diese Elemente jedoch beim Simultandolmetschen unter hoher Geschwindigkeit und noch viel mehr beim Konsekutivdolmetschen verzerrt werden oder verloren gehen können (Byrne 2007:631). Sie müssen sich der Tatsache bewusst sein, dass eine hundertprozentig originalgetreue Übersetzung oder Verdolmetschung ein zwar nicht erreichbares, aber dennoch anzustrebendes Ideal darstellt, dem man sich keineswegs durch eine einfache Wort-für-Wort-Übersetzung annähern kann (Mason 2008:53). Die Dolmetscher ergreifen Maßnahmen, um die Juristen für die Auswirkungen solcher Schwierigkeiten zu sensibilisieren. Ein am ICTR tätiger Verteidiger berichtet von einem von Dolmetschern organisierten Seminar am Internationalen Gerichtshof:

> Ils nous disaient que quand nous parlons correctement, dès lors qu'il y a traduction, entre 20 et 25 % de notre message disparaît, si tout va bien. Entre 20 et 25 % ! Si nous ne parlons pas suffisamment lentement, 50 % du message disparaît. Or, nous sommes dans des tribunaux et, à la fin du jour, des décisions judiciaires sont rendues alors que le message n'est passé qu'à 50 % ?
> (ICTR 11 2009:45)

Abschließend folgt ein besonders eklatantes Beispiel für das Unverständnis einiger Beteiligten anhand einer Situation, in der die Dolmetscher Stegreif übersetzen sollen: Während einer Verhandlung im Fall *Bikindi* geht es um den Inhalt verschiedener Lieder des Künstlers. Von den Simultandolmetschern wird verlangt, einige Verse aus dem Bericht eines Linguisten zu einem der sehr poetisch formulierten Lieder für das Gericht unvorbereitet Stegreif zu übersetzen. Völlig zu Recht verweigern die Dolmetscher diesen Auftrag: „[...] [T]he Kinyarwanda booth considers that it is not in a position to translate this ode [...] without any prior preparation. We are not in a position to translate it – or, interpret it on the spot" (PJRD 6 2007:22). Die Vorsitzende begreift, dass es sich um einen sehr komplizierten Text handeln muss und erfragt bei den Dolmetschern die erforderliche Vorbereitungszeit: „Given the nature of text, it is [...] a battle ode, [...] we would require one hour in order to understand its content, and the references, if necessary" (PJRD 6 2007:23). Andere Beteiligte zeigen weit weniger Verständnis, Unterstützung für die Dolmetscher kommt hingegen vom kinyaruandasprachigen Angeklagten:

MR. EGBE: [...] I don't see the difficulty in [...] the words or sentences in Kinyarwanda being read slowly and then we having a simultaneous translation. That is what we have been doing normally [...]
JUDGE ARREY: Can the interpreters can [sic] explain to us why they cannot interpret five lines [...]. Because that is a very strange comment for you people to say that you can't interpret, whereas that is your work. [...]
THE ENGLISH INTERPRETER: Up front, I will say that we cannot understand the first passage.
JUDGE ARREY: Are you going to interpret so that we can go ahead please [...]
THE ACCUSED: [...] [W]hat the interpreters are telling you is correct. [..] [E]ven me – I am a Rwandan, when I read the professor's text I understood nothing from it. [...] [I]n any case, it would be very difficult for them to simultaneously interpret something which is not comprehensible, so they need time, at least one hour, to try and translate it. Because even the professor cannot translate.
(PJRD 6 2007:25 f.)

Situationen, wie sie in diesem Kapitel erläutert wurden, tragen nicht zu einem guten Arbeitsklima im Gerichtssaal bei. Im folgenden Kapitel wird ein weiterer Aspekt angesprochen, der einer erfolgreichen Zusammenarbeit zwischen Juristen und Dolmetschern im Wege steht: der mangelhafte Zugang zu Vorbereitungsmaterialien.

4.5.4 Zugang zu Vorbereitungsmaterialien

Die Qualität der Leistungen der Dolmetscher hängt unter anderem auch davon ab, ob sie ausreichend Materialien und Zeit zur Vorbereitung einer Sitzung hatten. Es ist ein allgemeines Problem beim Gerichtsdolmetschen, dass den Dolmetschern der Zugang zu bestimmen Dokumenten, die zur einer gewissenhaften Vorbereitung notwendig wären, von den Parteien verwehrt wird (Gonzáles/Mikkelson/Vásquez 19991:290).
Am ICTR erhalten die Dolmetscher solche Materialien üblicherweise früh im Voraus, doch nicht in allen Fällen (Umfrage Antwort 1). Den Dolmetschern werden mitunter von beiden Parteien Dokumente und Informationen vorenthalten, vermutlich aus Gründen des Misstrauens (ICTR 11 2009:44). Dies erschwert ihre Arbeit ungemein und schadet letztendlich allen, wie auch ein Dolmetscher den Juristen verständlich zu machen versucht: „L'interprète n'est pas au courant du contexte parce que les parties nous cachent les éléments de travail. [...] [C]'est dans l'intérêt des parties de nous donner même les brouillons de leurs interventions" (ICTR 12 2009:54). In diesem Zusammenhang ist auch zu erwähnen, dass im Gerichtsaal häufig aus Dokumenten oder Berichten zitiert oder vorgelesen wird. Die anderen Verfahrensbeteiligten erhalten in solchen Fällen üblicherweise Kopien, die Dolmetscher werden jedoch oft

vergessen, weil den Juristen nicht bewusst ist, wie hilfreich diese Unterlagen für die Sprachmittlung wären (s. zum Beispiel PJRD 6 2007:26). In einem Fall soll den Dolmetschern absichtlich kein Material ausgeteilt werden, weil befürchtet wird, dass sie dann nicht mehr dolmetschen, was der Zeuge live aussagt, sondern einfach seine frühere Aussage ablesen:

Me GUMPERT : [...] J'aurais préféré que les interprètes se concentrent sur ce qui est dit, mais non pas sur ce qui est dans la déclaration.
M. LE JUGE MUTHOGA : Vous devriez interpréter la déposition et non pas la déclaration.
L'INTERPRÈTE ANGLAIS-FRANÇAIS : Honorables Juges, les interprètes ont besoin de pouvoir vérifier les noms au moment où ils interprètent; vous m'arrêterez si j'essayais de citer directement.
(PJRD 27 2005:17)

Letztendlich können die Dolmetscher den Richter davon überzeugen, dass es der Qualität ihrer Leistung dient, wenn sie die angeforderten Unterlagen erhalten.
Einer der Dolmetscher nutzt eine ICTR-Konferenz mit Vertretern der unterschiedlichsten Abteilungen, um dieses Problem zu thematisieren:

Pour bien faire son travail, un interprète a besoin des documents qui seront utilisés. Souvent, les interprètes sont les derniers servis lorsque les parties distribuent des documents qui seront utilisés, que ça soit pour des discours, que ce soit pour des documents de référence, on ne les donne pas aux interprètes, alors qu'ils sont là pour aider et faire leur travail le mieux possible.
(ICTR 11 2009:44)

Es ist ein guter Ansatz von Seiten der Dolmetscher, hier selbst Aufklärungsarbeit zu leisten, um so die Zusammenarbeit mit Richtern und Anwälten zu verbessern.

4.5.5 Einstellung zur Leistung der Dolmetscher

Das Verhältnis zwischen Juristen und Dolmetschern ist ambivalent. „In the eyes of the law, [...] interlingual interpreters have a dualistic image: the traitor and the instrument" (Morris 2008:2). Negative Einflüsse auf das Arbeitsklima wie Misstrauen oder das Benutzen des Dolmetschers als Sündenbock wurden bereits in den Kapiteln 4.4.4 und 4.4.7 behandelt. Problematisch ist darüber hinaus auch, wenn Juristen sich (häufig zu Unrecht) kompetent fühlen, die Arbeit der Dolmetscher zur kritisieren und zu korrigieren und lange, unnötige Diskussionen auslösen (Umfrage

Antwort 1). Eine falsche Einschätzung der eigenen Sprachkenntnisse oder auch das Bedürfnis nach Selbstdarstellung sind mögliche Erklärungen für ein solches Verhalten. Dies ist jedoch kein ICTR-spezifisches Problem, sondern betrifft Dolmetscher im Allgemeinen.

Es gibt aber auch positive Beispiele, die belegen, dass Juristen am ICTR durchaus für die Bedeutung sprachlicher Nuancen sensibilisiert sind und Einwände in einem konstruktiven Gespräch mit den Dolmetschern klären. Hier ein Beispiel, in dem es um die Verdolmetschung von „selon vous" ins Englische geht: „MR. PRESIDENT: 'According to you' [...] [and] opinion [...] could have a different connotation on issues of evidence, [...] we are not saying what you should translate, but maybe take note of that" (PJRD 45 2005:52). Erfreulich ist ebenfalls, dass der Einwand diplomatisch formuliert ist, was dem Erhalt eines guten Arbeitsklimas dient.

Positiv anzumerken ist, dass zumindest zwei Dolmetscher trotz aller Schwierigkeiten insgesamt das Gefühl haben, dass ihre Leistung geschätzt wird (Umfrage Antwort 1 und 2). Mangels weiterer Rückmeldungen kann über den Eindruck der übrigen Dolmetscher keine Aussage gemacht werden. Festzustellen ist, dass sich in den Protokollen durchaus Textstellen finden, an denen den Dolmetschern für ihre Arbeit gedankt wird und die besonderen Herausforderungen und Probleme des Dolmetschens am ICTR anerkannt werden, so zum Beispiel hier: „THE ENGLISH INTERPRETER: Sorry, Mr. President, we missed the beginning of the sentence. [...] MR. MARCHAND: I am sorry to the interpreter. You do a hard job and quite often, we do not recognise it. Thank you" (PJRD 31 2005:45).

4.6 Kinyaruanda – eine besondere Herausforderung für die Dolmetscher

4.6.1 Linguistische Einordnung des Kinyaruanda

Die Nationalsprache der Einwohner Ruandas ist das Kinyaruanda (auch: Nyaruanda) (Möhlig 1983:128 f.). Kinyaruanda wird von ungefähr zehn Millionen Menschen in Ruanda sowie den angrenzenden Gebieten der Demokratischen Republik Kongo und Uganda gesprochen (Brockhaus 5). Infolge der ausgeprägten gesellschaftlichen Stratifikation, welche die Bevölkerung traditionell in Hutu, Tutsi und Twa einteilt, bildeten sich Soziolekte heraus, regionale Varietäten sind dagegen zu vernachlässigen (Möhlig 1983:128 f.; Jacob/Overdulve 1998:iii). Kinyaruanda ist eine Bantusprache. Dieser Sprachfamilie gehören etwa 600 Sprachen an, die alle in Subsahara-Afrika gesprochen werden, von den Tropen bis hin zu Südafrika (ebd.; Gasarabwé 1992:20). Die Bezeichnung „Bantu-" kommt von dem Wort „muntu“ (im Plural „bantu“), das in vielen dieser Sprachen „Mensch“ bedeutet (ebd.). Am engsten verwandt ist Kinyaruanda mit Kirundi, der Sprache des benachbarten Burundi, und dem Giha, gesprochen im westlichen Tansania, weshalb die Einwohner dieser Regionen ohne Dolmetscher miteinander kommunizieren können (ebd. 19 f.; Jacob/Overdulve 1998:iii). Aus politischen Gründen gilt das Burundi aber dennoch als eigenständige Sprache (Möhlig 1983:128 f.). Ungefähr 10 % der Ruander beherrschen neben Kinyaruanda auch Kiswahili, eine vereinfachte Bantusprache, die durch indo-pakistanische und arabische Händler entstand (Gasarabwé 1992:21).

Erst Anfang des 20. Jahrhunderts wird das bis zu diesem Zeitpunkt ausschließlich mündlich verwendete Kinyaruanda von christlichen Missionaren mit Hilfe des lateinischen Alphabets verschriftlicht (ebd.). In der Regel werden die Worte so gesprochen, wie sie geschrieben werden (des Forges 1999). Es gibt zwar eine offizielle Orthografie, diese wird jedoch nicht konsequent angewendet (ebd.).

Zur Verdeutlichung der enormen Unterschiede zwischen der Bantusprache Kinyaruanda und den indo-europäischen Sprachen Englisch und Französisch werden hier einige Merkmale des Kinyaruanda vorgestellt: Es handelt sich um eine tonale Sprache und – ganz charakteristisch für Bantusprachen – auch um eine Klassensprache mit 16 Nominalklassen (Gasarabwé 1992:20, Brockhaus 5). Das heißt, Präfixe spielen eine besonders wichtige Rolle, da mit ihrer Hilfe Wörter genauer nach Kategorien wie „menschlich“, „unbelebt“, „groß“, „klein“, „abstrakt“, „Singular“, „Plural“ und vielem mehr klassifiziert werden. Verben erfüllen die zusätzliche Funktion, dass an ihnen die Beziehung zwischen den einzelnen Verbergänzungen erkennbar ist (ebd.; Brockhaus 5).

Im Urteil gegen Musema gibt es eigens einen Unterpunkt „Interprétation“, unter dem auf die Schwierigkeiten beim Dolmetschen in Kinyaruanda aufgrund der großen syntaktischen und grammatikalischen Unterschiede zwischen den drei Sprachen hingewiesen wird, im Urteil gegen Akayesu wird zusätzlich von Dolmetschproblemen wegen der komplizierten Syntax und der komplexen Ausdrücke in der kinyaruandischen Alltagssprache berichtet (PJRD 11 1998:38 ff.; PJRD 2 1998:72).

Folgendes Beispiel soll die Abhängigkeit der Juristen von den Dolmetschern bei Sprachproblemen mit Kinyaruanda veranschaulichen: Im Berufungsurteil im Fall *Nahimana/Barayagwiza/Ngeze* wird eine komplizierte Diskussion um die Übersetzung unterschiedlicher Formen des Verbs „to exterminate“ in Kinyaruanda zusammengefasst, da uneinheitliche Verdolmetschungen dieses Begriffs als ein Berufungsgrund angeführt werden (ICTR 9 2007:169 f.). Um das Problem zu lösen, wird schließlich die Übersetzungsabteilung zu Rate gezogen:

> The translation services also confirmed that "*tubatsembatsembe*" and "*tuzitsembatsembe*" mean "let's exterminate them"; "*tuzabatsembatsemba*" and "*tuzazitsembatsemba*" mean "we shall exterminate them"; "*gutsembatsemba*" means "to exterminate"; and "*tuzatsembatsembe*" means "let's exterminate" [in the future]. They also confirmed that the expressions "*tulabatembatemba*", "*tabatsembatsembe*" and "*tuzitsembambe*" do not exist in Kinyarwanda.
> (ICTR 9 2007:170)

Da jedoch alle diese Verbformen ungeachtet des Tempus oder Modus letztendlich die Bedeutung „exterminate" tragen, wird dieses Dolmetschproblem letztendlich als Berufungsgrund abgelehnt (ebd.). Am ICTR gibt es vermutlich lediglich einen einzigen Verteidiger, einen Burunder, der Kinyaruanda aufgrund der sprachlichen Nähe zum Kirundi versteht und somit das Gericht auf Dolmetschfehler oder -schwierigkeiten aufmerksam machen kann (*Hirondelle* 10 2006).

4.6.2 Dolmetschen zwischen „fernen" Sprachen

Der Verwandtschaftsgrad zwischen Sprachen variiert zwischen den Extremen „sehr nahe Sprachen" und „sehr ferne Sprachen". Kriterien zur Bestimmung des Verwandtschaftsgrads zwischen zwei Sprachen sind unter anderem die Zugehörigkeit zu einer Sprachfamilie und die wechselseitige Beeinflussung der Sprachen infolge politischer, wirtschaftlicher oder kultureller Kontakte. Lankisch beschreibt die sich hieraus ergebenden Konsequenzen für das Dolmetschen vor Gericht: Beim Übersetzen zwischen zwei „fernen" Sprachen tritt vermehrt das Problem der „Eins-zu-Null-Entsprechung" auf, weshalb es oftmals notwendig ist, Realien und kulturelle Besonderheiten zu erläutern (Lankisch 2004:37). Auch können sich scheinbar inhaltsgleiche globalisierte Begriffe wie Demokratie oder Freiheit hinsichtlich ihres semantischen Gehalts unterscheiden (Pöllabauer 2005:113). Andererseits rechnet das Gericht bei zwei nicht miteinander verwandten Sprachen eher mit dieser Art von Schwierigkeiten, weshalb es sich besonders eingehend über kulturspezifische Elemente informieren lässt (beziehungsweise lassen sollte), was wiederum die Gefahr von Missverständnissen reduziert (Lankisch 2004:37). Für das ICTR lässt sich dies bestätigen: Mehrfach werden Linguisten als Sachverständige gehört, um besonders schwierige sprachliche Fragen zu Kinyaruanda zu klären. Problematisch ist hingegen, dass es für solche Sprachenkombinationen oft

nur wenige qualifizierte Dolmetscher gibt. Genau das ist auch die Erfahrung des ICTR.
Lankisch führt weiter aus, dass dem Dolmetscher beim Arbeiten mit „nahen“ Sprachen zwar in den meisten Fällen die andere Kultur gut vertraut ist, dies andererseits aber die Gefahr von Verständnisfallen birgt, da sich manchmal zwei Worte oder Konzepte nur scheinbar inhaltlich decken (Lankisch 2004:37). Koller weist in diesem Zusammenhang insbesondere auf das Problem der „falschen Freunde“ hin (Koller 2001, zit. in Lankisch 2004:38). Für den Fall des ICTR ist hier außerdem zu beachten, dass ein Zeuge oder Angeklagter seine Aussage zwar in Französisch machen kann, die zugrunde liegende Kultur aber immer noch die Ruandas ist, was sich natürlich im Sprachgebrauch niederschlägt.
Das Fazit ist, dass sich „nahe“ Sprachen zum Übersetzen im Grunde gar nicht so viel besser eignen als „ferne“, die Praxis jedoch zeigt, dass die Qualität mit steigender Entfernung abnimmt (Lankisch 2004:39). Diese These wird gestützt von den Erfahrungen mit Dolmetschen und Übersetzen am ICTY und dem ICTR: Während das Simultandolmetschen am ICTY sehr gut funktionieren soll, ist dies am ICTR nicht der Fall (Combs 2002:101). Zwar gibt es natürlich auch Schwierigkeiten beim Dolmetschen zwischen Französisch und Englisch, insgesamt lässt sich jedoch feststellen, dass weit häufiger Probleme im Zusammenhang mit Kinyaruanda auftreten.

4.6.3 Problematik der Äquivalenz

Übersetzungsschwierigkeiten aufgrund nicht deckungsgleicher Entsprechungen von Ausdrücken in Kinyaruanda und den Arbeitssprachen des Gerichts sind ein häufig wiederkehrendes Problem, das oftmals Erwähnung findet. So weist beispielsweise Erik Møse, ehemaliger Präsident des ICTR, darauf hin, dass sich kinyaruandische Wörter oder Konzepte oft nur schlecht in Englisch und Französisch übersetzen lassen und umgekehrt (Møse 2005:931). Der Verteidiger von Ntakirutimana macht darauf aufmerksam, dass es im Fall solcher Äquivalenzprobleme äußerst schwierig sei, die Wortwahl der Übersetzer und Dolmetscher zu überprüfen und gegebenenfalls zu korrigieren, eine falsche Wortwahl jedoch einen völlig falschen Eindruck von der Persönlichkeit eines Zeugen und seiner Aufrichtigkeit vermitteln könne (PJRD 9 2002:266). Er schlägt deshalb die Durchführung einer Studie zur Genauigkeit der Übersetzungen am ICTR vor, um sicherzustellen, dass die Aussagen der Zeugen oder Beschuldigten korrekt verstanden werden und ihnen Gerechtigkeit widerfahren kann. Er fasst die Situation folgendermaßen zusammen:

> Translation presented an extremely difficult challenge from the first [...] to the last witness testimony [...] [and] was a constant concern and frequent problem in this case [...] [and often] caused uncertainty [...].
> (PJRD 9 2002:264 f.)

Ein Artikel der *Hirondelle News Agency Arusha* befasst sich ausschließlich mit den großen Schwierigkeiten, eine Idee oder ein Konzept in oder aus Kinyaruanda zu übersetzen. Ein Beispiel ist die Übersetzung der englischen Wörter „to exterminate" und „to massacre" in Kinyaruanda, da nach Aussage eines Linguisten das Konzept von „to massacre" in der ruandischen Kultur praktisch nicht existiere und nur mit „viele Menschen töten" umschrieben werden könne.[67]
Ein weiteres Beispiel für ein sehr schwierig zu übertragendes Konzept aus Kinyaruanda ist der Begriff „Ibyihuture", dessen Bedeutung mithilfe eines Linguisten zu klären versucht wird. Zunächst wird die Definition gemäß der neusten Ausgabe des Wörterbuchs Kinyaruanda/Französisch zitiert: „[...] *Ibyihuture* refers to Hutus who along the line were acquiring cattle, and [...] were climbing up the social ladder and [...] have acquired a higher social status and who have, therefore, become Tutsis" (PJRD 6 2007:43). Das Infix -b- weist in Kinyaruanda eindeutig auf eine pejorative Konnotation hin (PJRD 19 2007:30). Bei diesem Wort muss jedoch zusätzlich noch der zeitliche und politische Kontext beachtet werden (vgl. Kapitel 4.6.4 und 4.6.5):

> For Bikindi, *Ibyihuture* [...] means those Hutus who have acquired wealth on the back of the farmers and who subsequently detest them [...]. So I am no longer in the monarchy era, I am taking the meaning of this gradual climb up at the social ladder to say that he who yesterday had the cow, *Ibyihuture*, and he who had acquired wealth through the system of supply and demand is also an *Ibyihuture*.
> (PJRD 6 2007:43)

Es ist die richtige Entscheidung, bei solchen Fragen einen Linguisten hinzuzuziehen, da von den Dolmetschern nicht verlangt werden kann, über dieses umfangreiche Hintergrundwissen zu verfügen und unvorbereitet derart lange und komplizierte Erklärungen abzugeben, wenn ein solches Wort während des Simultandolmetschens fällt.
Auch Metaphern bereiten häufig Probleme, da sie zum einen zunächst identifiziert werden müssen und es zum anderen für sie nicht immer äquivalente Ausdrücke in Englisch oder Französisch gibt. So zum Beispiel der Ausdruck „muhere ruhande", der eigentlich aus der Landwirtschaft

[67] Die Ausführungen dieses Absatzes basieren auf Hirondelle 10 2006.

kommt und bedeutet, beim Mähen auf der einen Seite anzufangen und sich dann zur anderen durchzuarbeiten. In diesem konkreten Fall im Gerichtssaal geht es jedoch nicht ums Ernten. Der Ausdruck wird vielmehr als Metapher gebraucht und ist eine Aufforderung zum systematischen Töten (PJRD 33 2006:20; PJRD 35 2008:173).

Sprichwörter stellen ebenfalls eine besondere Schwierigkeit dar. Ein Dolmetscher des ICTR für die Sprachen Englisch und Französisch beschreibt seinen Eindruck von Kinyaruanda folgendermaßen: Charakteristisch für Kinyaruanda ist die kunstvolle Ausdrucksweise, die durch den häufigen Gebrauch von Sprichwörtern und Andeutungen entsteht, was Kinyaruanda als „verschlüsselte" Sprache erscheinen lässt (Umfrage Antwort 1). Um Sprichwörter verstehen zu können, ist kulturelles Hintergrundwissen unabdingbar. Bei einer wörtlichen Übertragung eines Sprichworts in die Zielsprache geht im Allgemeinen die Bedeutung völlig verloren, weshalb Erläuterungen notwendig sind.

Das folgende Beispiel verdeutlicht die Problematik der Sprichwörter: Im Fall des Angeklagten Tharcisse Muvunyi geht darum, ob dieser mithilfe des Sprichworts „Iyo inzoka yiziritse ku gisabo, nta kundi bigenda barakimena" die Menge zu Massakern an Tutsi aufhetzte und deshalb wegen Anstiftung zum Genozid verurteilt werden kann (PJRD 2 1998:62; PJRD 10 2009:39 ff.). Letztlich lautet die Antwort „ja", jedoch war es äußerst schwierig, dies eindeutig zu ermitteln, wie aus Punkt 4.3 des Urteils, der dem Gebrauch von Sprichwörtern gewidmet ist, hervorgeht (ebd.). Die wörtliche englische Übersetzung des Sprichworts lautet: „When a snake wraps itself around a calabash, you have to kill the snake and break the calabash." Mit Hilfe der Aussagen der Zeugen und auch eines Soziolinguisten wird herausgearbeitet, dass „Schlange" eindeutig und für jeden Ruander verständlich für „Tutsi" steht. Auch im Urteil gegen Akayesu wird dieses Sprichwort diskutiert. Es handelt sich um eine Anstiftung zur Ermordung schwangerer Frauen, die mit einem Mann der jeweils anderen „ethnischen" Gruppe verheiratet sind („Mischehen"): „In the context of the period in question, this proverb meant that if a Hutu woman married to a Tutsi man was impregnated by him, the foetus had to be destroyed so that the Tutsi child which it would become should not survive" (PJRD 2 1998:62). Dieses Sprichwort birgt die zusätzliche Schwierigkeit, dass auch der zeitliche Kontext zum korrekten Verständnis beachtet werden muss (vgl. Kapitel 4.6.4 und 4.6.5).

Nach Aussage des Soziolinguisten sind Sprichwörter in Ruanda ein beliebtes und angesehenes Mittel, um die Aufmerksamkeit der Menschen zu fesseln und um sie zu mobilisieren, von etwas zu überzeugen oder vor etwas zu warnen. In der stark mündlich geprägten Kultur Ruandas sind die Menschen für diese Art der Kommunikation empfänglicher als für schriftliche Propaganda. Außerdem wurde es zu Zeiten des Bürgerkrieges allgemein vermieden, den Feind, das heißt die Tutsi, direkt beim Namen zu nennen, um keine ausländische Intervention zu provozieren. Auch im Fall *Akayesu* ist das Gericht mit der Schwierigkeit konfrontiert zu beurteilen, ob bestimmte Aussagen als Anstiftung zum Völkermord zu werten sind, weshalb das Urteil folgende Passage enthält:

> However, the Chamber is of the opinion that the direct element of incitement should be viewed in the light of its cultural and linguistic content. Indeed, a particular speech may be perceived as "direct" in one country, and not so in another, depending on the audience.
> (PJRD 2 1998:226)

Das weiter oben dargelegte Beispiel zeigt, dass das Verständnis von Sprichwörtern zwar Sprachkenntnis und kulturelles Hintergrundwissen erfordert, die Klärung solcher Probleme jedoch dennoch nicht von den Dolmetschern geleistet werden kann. Das ICTR trifft die richtige Entscheidung, als es beschließt, einen Fachmann, einen Soziolinguisten zu diesem Thema zu befragen.

Auch Elemente aus der ruandischen Erzähltradition erfordern für eine korrekte Erfassung ihrer Bedeutung kulturelles Hintergrundwissen. Hier ein Beispiel:

> *Ngirengirente* is anyone who is undecisive (sic), who doesn't know what to do, and who is, if possible, waiting to be woken up, to be taken to the track where the author wants to place him. It is a character of Rwandan oral tradition, where one finds in certain tales and certain history stories.
> (PJRD 19 2007:33)

Die in diesem Kapitel dargestellten Beispiele für verschiedene Äquivalenzprobleme wie Eins-zu-Null- oder Eins-zu-Teil-Entsprechungen zeigen, dass Dolmetscher in solchen Fällen nur bedingt weiterhelfen können und sollen. In vielen Fällen ist es daher angebracht, einen Linguisten zu Rate zu ziehen. Dies gilt in noch größerem Maße für die in den nächsten Kapiteln beschriebenen Ausdrücke, bei denen zusätzlich der zeitliche Kontext von entscheidender Bedeutung ist.

4.6.4 Sprache als politisches Werkzeug

Beim Übersetzen und Dolmetschen muss immer beachtet werden, dass Wörter in verschiedenen Sprachen zwar die gleiche Grundbedeutung haben, aufgrund des anderen kulturellen Kontextes jedoch unterschiedlich konnotiert sein können. Damit sind beispielsweise gesellschaftliche, soziale, rechtliche, religiöse, wirtschaftliche, erzieherische und geschichtliche Unterschiede gemeint (de Jongh 1992:61). „Politically-based language manipulation can create a minefield for interpreters and translators, particularly so when meanings are still in a state of flux, which they are by definition when language is used as a weapon“, beschreibt Dragovic-Drouet (2007:38). Der Kontext spielt also eine ganz entscheidende Rolle. Es darf nie außer Acht gelassen werden, dass sich Konnotationen zum Beispiel aufgrund politischer Ereignisse mitunter sehr schnell ändern können.

Dies geschieht auch in Ruanda zur Zeit des Bürgerkriegs und des Völkermords. Verbreitet werden diese politisch neu gefärbten Wörter und Ausdrücke vor allem durch die Medien, denen eine wesentliche Bedeutung bei der Aufhetzung der Bevölkerung während des Genozids zukommt. Sie stellen das wichtigste Propagandainstrument dar. Der Politikwissenschaftler und Experte für Ruanda René Lemarchand beschreibt die Funktion der Medien im Ruanda des Bürgerkriegs folgendermaßen: „What made the ideological climate of pregenocide Rwanda pregnant with intimations of disaster was the sheer force and frequency of appeals to racism diffused through the media [...]“ (Lemarchand 2009:60).

Das eindeutig wichtigste Medium in Ruanda im Jahre 1994 ist das Radio (PJRD 18 1998:151). Es ist fester Bestandteil der ruandischen Kultur. Vor allem geht es um die Rolle der Rundfunkanstalt RTLM und der Zeitung *Kangura*, deren Gründer beziehungsweise Chefredakteur sich ebenfalls vor dem ICTR zu verantworten haben (Arnold 1999:127; Grünfeld/Huijboom 2007:21). Seitenweise müssen Artikel und Transkripte der Radiosendungen aus Kinyaruanda in die Arbeitssprachen des Gerichts übersetzt werden, was natürlich sehr zeitaufwändig ist (Aberle 2001). Monate sind nötig, um allein die 270 Stunden Bandaufnahmen der Sendungen von RTLM auszuwerten (Grill 2002). Bereits ein Jahr vor Habyarimanas Tod verbreitet RTLM Hetzpropaganda und fast unmittelbar nach dem Absturz des Flugzeuges werden die Hutu dazu aufgerufen, die Waffen gegen die Tutsi zu erheben (Corey/Joireman 2004:79). In der Zeitung *Kangura* werden 1990 beispielsweise auch die extrem rassistischen „Ten Commandments of the Hutu“ veröffentlicht, die den Hass vieler Hutu auf die Tutsi weiter schüren (Lemarchand 2009:60). Mit dem Urteil im so genannten *Media*-Verfahren wird zum ersten Mal vor einem internationalen Strafgerichtshof der Einfluss der Medien untersucht und bewertet (Møse 2005:935). Das ICTR urteilt, dass der Genozid zumindest zum Teil auf die von RTLM und

Kangura verbreiteten Botschaften zurückzuführen ist (Grünfeld/Huijboom 2007:25).

Zur Klärung der Bedeutung bestimmter Wörter im politischen Kontext von 1994 werden nicht unbedingt die Dolmetscher befragt. Um wirklich die gesamte Bedeutungsbreite eines Begriffs erfassen zu können, ist es notwendig, zur entsprechenden Zeit selbst in dem Land gelebt zu haben. Meistens werden deshalb Linguisten herangezogen wie zum Beispiel Eugene Shimamungu, der Daten aus den Jahren 1993 und 1994 auswertet und auch unter den in der Diaspora lebenden Ruandern Nachforschungen zu speziellem Vokabular anstellt (PJRD 4 1999:30).

Auch Lieder sind in Ruanda, wo viele Menschen nicht lesen und schreiben können, ein besonders effektives Propagandamittel, da sie im Vergleich zu Reden leichter im Gedächtnis bleiben (*Hirondelle* 3 2007). Das ICTR lässt insbesondere Lieder des Künstlers Bikindi, in denen er nach eigenen Angaben zu Frieden und Demokratie aufruft, von einem Linguisten und einem Historiker auf Hasspropaganda untersuchen (*Hirondelle* 12 2007). Die Texte erweisen sich jedoch als so schwer verständlich, dass der Wissenschaftler, als Bikindi seine Ergebnisse anfechtet, Verständnisschwierigkeiten einräumen (*Hirondelle* 3 2007). Die Dolmetscher gehen in ihren Aussagen sogar noch weiter: „The ICTR interpreters themselves confirmed the complexity of those texts and refused to proceed as they fear misleading the chamber by the wrong interpretation“ (*Hirondelle* 3 2007).

4.6.5 Bedeutungswandel, Neologismen und „kodierte Sprache“

Besondere Verständnisprobleme im Gerichtssaal bereitet die „kodierte Sprache“ während des Völkermords. Hierauf wird beispielsweise im Berufungsurteil im Fall *Nahimana/Barayagwiza/Ngeze* eingegangen:

> [...] [T]aking account of code words, metaphors, double entendre, ‘mirror’ expressions, and local culture [...] there was enough evidence on which the Trial Chamber could reasonably hold that the language used was understood by the public in Rwanda to be genocidal in import.
> (ICTR 9 2007:363)

Zahlreiche Wörter erfahren in den Jahren 1991-1994 oder auch schon im Vorfeld einen Bedeutungswandel. Auch werden aufgrund der veränderten politischen Verhältnisse neue Begriffe geschaffen, die außerhalb dieses Kontextes unverständlich sind, wie zum Beispiel „Hutu extremist“, womit jeder Hutu gemeint ist, der Gegner der RPF-Regierung ist (*Hirondelle* 6 2006; PJRD 34 2006:56 f.). Solche Wörter oder Ausdrücke können die Kinyaruanda-Dolmetscher nur in vollem Umfang verstehen, wenn sie sich zur Zeit des Völkermords in Ruanda aufhielten und den Sprachwandel miterlebten.

Ein viel diskutierter Begriff, dessen Bedeutung sich mit Beginn des Völkermords stark zum Negativen wandelt, ist *Interahamwe*, die Bezeichnung der unter Habyarimana geschaffenen bewaffneten Miliz des Jugendflügels der MRND (Guillot/Minear 1996:57; PJRD 4 1999:58). *Interahamwe* ist eine Zusammensetzung aus „hamwe" („zusammen") und „intera", was eine Form des Verbs „gutera" („arbeiten/angreifen") ist (PJRD 2 1998:75). Die Wörterbuchbedeutung dieses Begriffs lautet in etwa: Menschen der gleichen Altersgruppe oder Generation; Gegenstände gleicher Größe oder gleichen Werts (*Hirondelle* 8 2005). Im Jahr 1994 kommt jedoch je nach Kontext zusätzlich die Bedeutung „die, die gemeinsam töten" hinzu, da die *Interahamwe* für einen erheblichen Teil der Morde während des Genozids verantwortlich ist (PJRD 2 1998:75). „They could steal, they could kill with minimum justification, they could rape and they could get drunk for free", so beschreibt Ostafrikaspezialist Prunier das Verhalten der *Interahamwe* während des Völkermords (Prunier 1997, zit. in *Hirondelle* 8 2005).

Bei manchen Wörtern lässt sich die genaue Bedeutung nicht ermitteln. Zu dem Verb „gukora" mit der Grundbedeutung „arbeiten" etwa sagen einige Zeugen aus, im Kontext des Völkermords sei es von RTLM als „Codewort" zur Aufforderung zum Mord an Tutsi zu verstehen, ein Linguist hingegen begreift es als Aufruf zur Verteidigung Ruandas gegen die RPF (*Hirondelle* 4 2005; ICTR 9 2007:187).

Eine gänzlich andere Bedeutung erhalten die Wörter „inkuba" („Donner") und „koomboozi" („Befreier", „Erlöser"), die im Kontext von 1994 den Jugendflügel der MDR beziehungsweise die Mitglieder des Jugendflügels der PSD bezeichnen (PJRD 4 1999:56 ff.).

Vor allem zur Bezeichnung der Tutsi werden während des Bürgerkrieges eine Vielzahl von Begriffen gebraucht, die bis auf wenige neutrale Ausnahmen alle in unterschiedlichem Maße negativ konnotiert sind. „[...] [L]anguage was used as a means of stigmatizing the targeted race, by attributing to Tutsis a set of characteristic labels, each one more horrific than the next: cockroach, feudal lord, snake, subversive, enemy" (Mukimbiri 2005:829). Die Begriffe dienen dazu, Hetzpropaganda zu verbreiten, ohne das Wort Tutsi direkt zu verwenden (PJRD 32 2003:57).

Relativ neutral sind beispielsweise die von Bikindi benutzten Bezeichnungen „sebatunzi" („Viehzüchter") und „abagisha" („die, die das Vieh auf die Weide bringen"), parallel dazu verwendet er auch „sebahinzi" („Ackerbauer") zur Bezeichnung der Hutu (*Hirondelle* 2 2007; PJRD 19

2007:43 ff.). Der Begriff „inkotanyi“ bezeichnet ursprünglich im 19. Jahrhundert die Krieger des Königs Rwabugiris. Während des Krieges zwischen der RPF und Ruanda wird dann die Armee der RPF so genannt. In Folge der in den Medien betriebenen Propaganda erweitert sich die Bedeutung und umfasst auch RPF-Anhänger und schließlich sogar die Tutsi insgesamt als „ethnische“ Gruppe.[68]
Eindeutig negativ zu verstehen ist die Bezeichnung „inyenzi“, deren Bedeutung sich von „Kakerlake“ über „Tutsi-Flüchtling“ in den 1960er Jahren bis hin zu „RPF-Kämpfer“ im Zeitraum 1990 bis 1994 wandelt (PJRD 2 1998:73 ff.; PJRD 33 2006:37). Ein weiteres Wort aus dieser Reihe ist „icyitso“, dessen Bedeutung zunächst „Kollaborateur“ ist, welches ab 1991 aber ganz allgemein für „Tutsi“ verwendet wird (PJRD 2 1998:74). „Insoka“, was soviel wie „listiges Tier“ bedeutet, wird seit den 1960er Jahren verstärkt als abwertende Bezeichnung für die Tutsi gebraucht (PJRD 19 2007:47).
Für all diese Wörter gilt, dass sie im Gerichtssaal für große Verwirrung sorgen und zunächst einmal als „Codewörter“ oder Wörter mit veränderter Bedeutung erkannt werden müssen. Dies kann eventuell noch von den Dolmetschern geleistet werden, aber eine genaue Aufschlüsselung des Bedeutungswandels und der Konnotationen übersteigt ihre Kompetenzen und gehört nicht zu ihrem Aufgabenbereich.

4.7 Einfluss der ruandischen Kultur auf das Dolmetschen

4.7.1 Die Kulturkompetenz des Dolmetschers

„Culture is that complex whole which includes knowledge, belief, art, morals, law, customs and any other capabilities and habits acquired by man as a member of society.“ Dies ist die Definition von Kultur, wie sie der englische Anthropologe Edward B. Tylor im Jahre 1871 formulierte (zit. in Katan 2004:25).
Nach Hall lassen sich die verschiedenen Bestandteile einer Kultur drei Ebenen zuordnen: Der ersten Ebene gehören nur wenige offensichtliche Elemente wie Sprache, Kleidung oder Essgewohnheiten an. Viele Ausdrucksformen von Kultur sind auf der zweiten Ebene angesiedelt. Sie sind zwar weniger sichtbar, können aber dennoch bewusst erlebt und somit auch erlernt werden. Dies gilt etwa für Rituale und Bräuche. Die dritte Ebene schließlich umfasst all das, was das Verhalten unbewusst beeinflusst

[68] Die Ausführungen dieses Absatzes beruhen auf PJRD 2 1998:73 und auf PJRD 32 2003:240.

und aufgrund dessen auch nicht erlernt werden kann, also zum Beispiel das kommunikative Verhalten, Raum- und Zeitwahrnehmung oder auch Individualismus.[69]

Grundsätzlich beschränkt sich die Aufgabe eines Dolmetschers nicht nur auf die Sprachmittlung, sondern beinhaltet auch das Vermitteln zwischen den Kulturen. Es ist also eine unabdingbare Vorraussetzung für die Ausübung des Berufs, die Kulturen der Ausgangs- wie der Zielsprache sehr gut zu kennen.

In der ruandischen Kultur gibt es eine Vielzahl von Charakteristika, die für Menschen aus anderen Kulturräumen, insbesondere dem westlichen, nur sehr schwer verständlich sind und den Dolmetschern bei der Sprachmittlung und damit auch den Richtern, die selbst unterschiedlichsten Kulturräumen angehören, bei der Wahrheitsfindung größte Schwierigkeiten bereiten. Der Leiter der Ermittlungsabteilung beispielsweise beschreibt die Tätigkeit der Dolmetscher in den Ermittlerteams in Ruanda mit besorgtem Unterton:

> Most of our international staff, they don't speak Kinyarwanda and they have to use [...] Rwandans to do interpretation. Their job is beyond interpreting words. It's also interpreting the culture into the statements that are recorded by witnesses. And believe you me, most of the sense is lost, or we spend more time trying to get into [...] the mind of the witness to know what he is saying.
> (ICTR 11 2009:49)

Selbst wenn Dolmetscher prinzipiell auch Kulturmittler sind, sind sie nicht bei allen kulturellen Fragen unbedingt der richtige Ansprechpartner: „As the court interpreter, you are a language expert, and you are not necessarily qualified to give testimony about cultural practices" (Mikkelson 2000:60). Das ICTR vertritt ebenfalls die Auffassung, dass bei bestimmten kulturbezogenen Fragen ausgewiesene Experten zu Rate gezogen werden sollten. Mehrere Sachverständige werden nicht nur zu sprachlichen, sondern auch zu kulturellen Fragen gehört.[70] Dieses Vorgehen ist völlig legitim, da kein Sprachmittler über die gesamten Wissensbestände seiner Ausgangskultur, geschweige denn seiner Zielkulturen verfügen kann (Göhring 2007:170). Im Rahmen des Simultandolmetschens sind ausschweifende zusätzliche Erläuterungen ohnehin von vorneherein ausgeschlossen.

---

[69] Die Ausführungen dieses Abschnitts basieren auf Hall 1952, zit. in Katan 2004:42 ff.

[70] Zum Beispiel in PJRD 2 1998:73; PJRD 4 1999:15; PJRD 6 2007:34; PJRD 10 2009:39.

Die hier relevanten Elemente der ruandischen Kultur gehören in der Regel nach Halls Definition der dritten Ebene an und machen sich in der Denkweise, dem Verhalten und der Ausdrucksweise der Zeugen bemerkbar. Eine Auswahl wird in den nächsten Kapiteln vorgestellt. Gemein ist all diesen Beispielen, dass sie ein großes Hindernis für die Kommunikation darstellen und sich somit – zumindest indirekt – auch auf das Dolmetschen auswirken.

Ein äußerst sensibler Bereich der Kultur Ruandas ist die Sexualität. Dieser Themenkomplex ist aufgrund der zahllosen Vergewaltigungen während des Völkermords in den Gerichtsverhandlungen sehr präsent und stellt zusätzliche Anforderungen an die Dolmetscher. Diese Problematik wird in einem eigenen Kapitel (4.8) näher beleuchtet.

4.7.2 Zeit- und Raumkonzepte

Ein wesentliches Merkmal einer Kultur sind die Vorstellungen von Zeit und Raum (Kadric 2001:29). Zeitliche Verläufe, die Unterscheidung von Himmelsrichtungen, Kategorien wie hoch, niedrig, eng und weit werden nicht überall auf der Welt gleich wahrgenommen (Maletzke 1996, zit. in Pöllabauer 2005:117 f.). Dies spiegelt sich natürlich in der Sprache wieder, was wiederum beim Dolmetschen zu berücksichtigen ist.

Während der Verfahren am ICTR zeigt sich, dass erhebliche Unterschiede dieser Art zwischen Ruanda und dem westlichen Kulturkreis bestehen. Bereits im Urteil gegen Akayesu wird gesondert darauf hingewiesen: „Similar cultural constraints were evident in […] [the witnesses'] difficulty to be specific as to dates, times, distances and locations" (PJRD 2 1998:77). Im Berufungsurteil gegen George Rutaganda und im Urteil gegen Musema wird dies ebenfalls erwähnt, was darauf hinweist, dass die unterschiedlichen Zeit- und Raumvorstellungen auch in diesem Verfahren erhebliche Probleme verursachten (UNHCR Rutaganda 2003:222.; PJRD 11 1998:38 ff.).

Besonders für die ungebildete Bevölkerung ist es überaus schwierig, genaue Zeitangaben zu machen oder Entfernungen einzuschätzen. Ein burundischer Verteidiger, der als einer der wenigen mit der Sprache und Kultur Ruandas vertraut ist, bestätigt, dass die meisten Zeit- und Ortsangaben der ruandischen Zeugen nur grobe Schätzungen sind, da sie Zeitverläufe beispielsweise meist mithilfe des Sonnenstandes messen: „Most Rwandans […] usually measure time by the movement of the sun or their routine activities to express time […]. […] The lawyer will be guided by the time it takes someone to cover the distance on foot. Unfortunately, estimating time when one does not and has never owned a watch is not an easy thing“ (*Hirondelle* 10 2006). Er kritisiert aber auch, wie die Richter mit diesen Problemen umgehen: „In most cases, when the judges are faced with witnesses who are incapable of giving a correct indication of time, they do not know what to do. Yet our clients are facing very serious charges“ (ebd.). Ein Experte für Kinyaruanda teilt die Sorgen des Verteidigers, da, wie er erklärt, selbst 15 Minuten über Freispruch oder Verurteilung entscheiden können und die Richter die Glaubwürdigkeit der Zeugen auch nach der Flüssigkeit und Kohärenz ihrer Aussagen einschätzen würden. Dolmetschprobleme jeglicher Art hätten natürlich überaus negative Auswirkungen auf die Glaubwürdigkeit (Heller 2006). Zwar vertritt das ICTR die Position, dass solche kulturellen Faktoren den Zeugen nicht negativ ausgelegt werden sollen. Dies schließt jedoch nicht aus, dass die Richter nicht doch unbewusst beeinflusst werden. Es gibt zudem Beispiele, in denen die Verteidigung genau solche Unsicherheiten nutzt, um die Zeugen zu diskreditieren (*Hirondelle* 10 2006). Es folgt eine Passage aus einer solchen Situation:

So, your statement is internally inconsistent [...] because you say you joined the roadblock April 13th, but you say [...] "About two weeks after the death of the president I was recruited [...]" [...] – none of that makes sense. [...] [T]his whole story is false, isn't it?[71]
(PJRD 17 2005:37)

In den Protokollen zu den Gerichtsverhandlungen findet sich eine Vielzahl von Beispielen für Dolmetschschwierigkeiten aufgrund von Zeitangaben. Es zeigt sich, dass die Dolmetscher selbst anscheinend nicht ausreichend sensibilisiert sind für diesen Aspekt. Hier ein Auszug aus einer solchen insgesamt mehrere Seiten umfassenden Diskussion:

Me MWANYUMBA :[Il y a] un problème d'interprétation, [...] l'interprète semble réarranger les réponses du témoin, au lieu de reporter directement [...].
Me MARCHAND :[...] [L]orsqu'on dit, en français, « dans la soirée », [...] en kinyarwanda, ça peut référer soit à la période entre 4 heures et 6 heures – et il y a un certain mot pour ça —, et il y a une autre période, après 6 heures, qui est un autre mot. Donc, le mot « soirée » est très imprécis. [...] [I]l faudrait [...] faire préciser correctement au témoin, et peut-être avec l'aide de l'interprète, pour avoir exactement le bon mot.
(PJRD 14 2003:28 ff.)

[71] Anmerkung: Präsident Habyarimana starb am 6. April 1994.

Ein Experte für Kinyaruanda bestätigt dieses Problem für die Dolmetscher: „Expressions like "umuseke" (dawn), igitondo (morning), umugoroba (evening) [...] exist but they are not precise and do not tally with the precision needed in judicial matters" (*Hirondelle* 10 2006). Er führt aus, dass Zeitangaben in Kinyaruanda üblicherweise mithilfe von Ausdrücken wie „sehr früh" oder „ungefähr", jedoch ohne exakte Angaben differenziert werden, so dass nicht einmal stundengenaue Auskünfte gegeben werden können (ebd.). Ein anderer Zeuge soll aussagen, wann seine Frau umgebracht wurde, doch er kann sich nicht einmal an den Monat erinnern (PJRD 16 1998:90).

Auch wenn es um Richtungsangaben oder das Abschätzen von Entfernungen geht, bereitet dies den Zeugen große Schwierigkeiten. Kilometerangaben sind unüblich. Hier eine typische Entfernungsangabe: „I lived on the hill and the airport was located on a different hill. You can see the hill from us, as the crow flies, from our home" (UNHCR Rutaganda 2003:229.). Der gleiche Zeuge versteht eine Frage bezüglich der Himmelsrichtung nicht, deshalb wird diese schließlich umformuliert (ebd.). Das folgende Beispiel einer Entfernungsangabe ist ebenfalls charakteristisch: „If you consider the place where I am sitting and you measure ten times the distance I've shown you by my extended arm and my folded arm, then you will have the distance between me and the *camionnette* and the pickup" (PJRD 5 2003:53).

Dolmetschprobleme aufgrund dieser unterschiedlichen Zeit- und Raumvorstellungen kommen häufig vor und können entweder dazu führen, dass der Zeuge seine Glaubwürdigkeit einbüßt oder auch dass an der Kompetenz des Dolmetschers gezweifelt wird. Da zur Lösung dieser Probleme kein profundes geschichtliches oder ähnliches Hintergrundwissen erforderlich ist, sollten die Kinyaruanda-Dolmetscher hier selbst einen größeren Beitrag zur Vermeidung von Missverständnissen leisten.

4.7.3 Verwandtschaftsbeziehungen

Beim Dolmetschen muss die kulturelle Relativität spezifischer Begriffe beachtet werden. Dies gilt insbesondere für die Bezeichnung von Verwandtschaftsverhältnissen. Oftmals ist es beim Dolmetschen schwierig, die genaue Beziehung zwischen zwei Menschen zu beschreiben (Mikkelson 2000:60). Das deutsche Wort *Bruder* impliziert zum Beispiel, dass es sich um einen direkten Verwandten oder in seltenen Fällen um einen Ordensbruder handelt. In anderen Kulturen kann dieser Begriff aber weiter gefasst sein und beispielsweise auch Angehörige der selben ethnischen Gruppe miteinbeziehen (Pöllabauer 2005:111). So auch in

Ruanda, wie aus einer Zeugenaussage hervorgeht: „I wouldn't say that he is only a friend. In Rwandan culture, I would even go as far as calling him a brother" (PJRD 36 1999:28). Für bestimmte Verwandtschaftsverhältnisse gibt es in manchen Sprachen eine eigene Bezeichnung, in anderen wiederum nicht. Wenn der Dolmetscher sich dessen nicht bewusst ist, kann es zu Missverständnissen vor Gericht kommen, die, wenn sie nicht aufgeklärt werden, im schlechtesten Falle einen Zeugen unglaubwürdig erscheinen lassen und somit Einfluss auf den Ausgang des Verfahrens haben (Pöllabauer 2005:111). Die Bezeichnungen für Familienangehörige unterscheiden sich in Kinyaruanda deutlich von Englisch und Französisch. So gibt es in Kinyaruanda keine Lexeme, die für sich alleine das englische und französische Konzept von Mutter, Vater, Schwester oder Ähnlichem umfassen. Für die exakte Darstellung der Beziehung zwischen zwei Personen müssen immer zusätzlich Ergänzungen zum Ausdruck von Zugehörigkeitsverhältnissen wie zum Beispiel Possessivpronomen verwendet werden (Gasarabwé 1992:193). Deshalb sorgen solche Wörter vor Gericht häufig für Verwirrung, wie folgendes Beispiel zeigt:

> Mme LE PRÉSIDENT : Le nom du frère du témoin doit être retiré du procès-verbal.
> R[éponse] : Nous n'avons pas de relations de sang, c'est un ami. [...]
> Mme LE PRÉSIDENT : Quand vous avez dit « que mon frère », c'était votre frère de sang, n'est-ce pas ?
> R[éponse] : Oui, c'est un lapsus, Madame le Président. Nous ne sommes pas des parents de sang. Lorsque vous avez un ami intime [...] [e]n kinyarwanda, on l'appelle aussi un frère.
> (PJRD 15 2004:5 f.)

Eine weitere Besonderheit ist, dass Familiennamen ursprünglich nicht zur ruandischen Tradition gehören. Üblicherweise werden einfach der Vorname und dann die Abstammung väterlicherseits genannt. Vor allem auf dem Land lehnen die Menschen die Einführung von Familiennamen ab (Gasarabwé 1992:176). So kommt es, dass die Mitglieder einer Familie keinen gemeinsamen Nachnamen haben und im Umkehrschluss ein gleicher Nachname nichts über das Verwandtschaftsverhältnis aussagt (des Forges 1999).

Missverständnisse dieser Art könnten durchaus mit Hilfe der Dolmetscher vermieden werden. In den untersuchten Protokollen finden sich allerdings keine Beispiele dafür, dass sich ein Dolmetscher in einer solchen Situation mit zusätzlichen Erklärungen für das Gericht eingeschaltet hätte.

4.7.4 Einfluss des Hörensagens und das Konzept von Wahrheit

Die ruandische Kultur ist überwiegend mündlich geprägt. Nur wenige Menschen beherrschen Lesen und Schreiben, viele besitzen nicht einmal ein Radio. Deshalb verbreiten sich viele der Informationen über die Geschehnisse im Jahr 1994 mündlich durch Weitererzählen (PJRD 2 1998:76). Zwangsläufig kommt es dabei zu Verzerrungen der Ausgangsinformation.

Ein kultureller Faktor, der die Kommunikation im Gerichtssaal erheblich beeinträchtigt und deshalb unter anderem auch im Urteil gegen Akayesu behandelt wird, ist das Phänomen, dass über Hörensagen erlangte Informationen wie selbst Erlebtes dargestellt werden.[72]

Zur Bewertung solcher Zeugenaussagen gibt es verschiedene Meinungen. Hier der Standpunkt der Verteidigung im Verfahren gegen *Kayishema*:

> The prosecutor in her argument to set aside defence witnesses, the defence witnesses narrated what they heard and that they should not be taken into consideration. [...] [T]his is a result of a poor knowledge of the Rwandan culture and above all this also applies to all the witnesses [...].
> (PJRD 18 1998:164)

Die Stellung des Gerichts zu dieser Frage ist, dass Hörensagen nicht von vorneherein unzulässig ist, sondern wie alle anderen Aussagen auch auf seine Glaubwürdigkeit und Richtigkeit überprüft werden muss (PJRD 11 1998:38).

Laut eines vom ICTR befragten Linguisten sei dieses Phänomen in der ruandischen Kultur weit verbreitet, jedoch könne mithilfe von sehr präzisen Fragen auch erreicht werden, dass der Zeuge eine klare Unterscheidung zwischen Erlebtem und Gehörtem trifft (PJRD 2 1998:76). Es ist deshalb unbedingt erforderlich, dass Juristen wie Dolmetscher für dieses Problem sensibilisiert sind und die Fragen an die Zeugen entsprechend formulieren.

Die Zulassung oder Tabuisierung von Lügen zählt zum Bereich der kulturell determinierten Werte. Was im Westen als Lüge bezeichnet wird, kann in anderen Kulturen wesentlicher Bestandteil des sozialen Lebens sein oder dem Erhalt der persönlichen Würde und Position dienen (Kälin 1986, zit. in Pöllabauer 2005:120). Das Verständnis von Wahrheit ist in Ruanda nach Aussage eines Linguisten ein anderes als in Europa, was bei der Bewertung von Zeugenaussagen unbedingt berücksichtigt werden sollte: Aufgrund der späten Verschriftlichung des Kinyaruanda komme der mündlichen Kommunikation eine große Bedeutung zu. Deshalb sei die

[72] Vgl. PJRD 2 1998:76; PJRD 9 2002:30; PJRD 11 1998:39; PJRD 18 1998:161.

Weise, wie etwas gesagt wird, oftmals wichtiger als die Aussage selbst.[73] Die Sprache wird zur Selbstdarstellung genutzt, der Begriff der Wahrheit wird infolgedessen aufgeweicht:

> The notion of truth in words is [...] diluted in the way, in which you express yourself. [...] [W]hen you listen to words, you are not really looking for truth but [...] for something which is beautiful, [...] because the person also who is speaking is a kind of on a stage. [...] [T]here is a notion of truth but there is also the notion of proper expression [...].
> (PJRD 4 1999:42 f.)

Die kunstvolle Sprechweise stellt eine zusätzliche Schwierigkeit für die Dolmetscher dar, für die Richter wiederum ist die Bewertung des Inhalts problematisch.

4.7.5 Kommunikationsverhalten

Ein anderes Charakteristikum der ruandischen Kultur, das oftmals die Geduld der Richter und Anwälte auf eine harte Probe stellt, ist die indirekte, unpräzise und ausweichende Art der Zeugen, auf Fragen zu antworten (PJRD 2 1998:76 f.; Aberle 2001). Viele Zeugen weichen zum Beispiel Fragen zur Bedeutung des Wortes „inyenzi" („Kakerlake") aus, von dem sich später herausstellt, dass es eine in Ruanda gängige abwertende Bezeichnung für Tutsi ist (PJRD 2 1998:77). Ein Anwalt beklagt sich: „A Rwandese will never give you a clear answer unless you insist" (PJRD 18 1998:162). Im Urteil gegen Akayesu wird die Aussage eines Linguisten zitiert:

> In such cases, the answers given will very often have to be "decoded" in order to be understood correctly. This interpretation will rely on the context, the particular speech community, the identity of and the relation between the orator and the listener, and the subject matter of the question.
> (PJRD 2 1998:76 f.)

In solchen Fällen muss der Gerichtsdolmetscher konsequent die genaue Antwort des Zeugen übersetzen, selbst wenn diese unpassend oder keinen Sinn zu ergeben scheint und deshalb Zweifel an der Kompetenz des Dolmetschers aufkommen könnten (Edwards, A. 1995:99; Berk-Seligson 2002:65). Ein Anwalt spricht auch hier von den möglichen negativen Auswirkungen für den Zeugen:

---

[73] Die Ausführungen dieses Absatzes beruhen auf PJRD 4 1999:41 ff.

> He will tell you something that would serve as an answer but it would be a coded answer which would behoove you to interpret. [...] [T]hat has been often the case. The difficulty is not being of the same culture, not having the same approach, not using the same language as a vehicle often it was difficult to understand each other and I fear [...] that the consequences may be direct and negative of this on the testimony [...].
> (PJRD 18 1998:160 f.)

Was also wie Ausflüchte oder ausweichendes Verhalten wirkt und der Glaubwürdigkeit eines Zeugen schadet, ist in Wirklichkeit lediglich ein Bestandteil der ruandischen Kultur (Cryer 2006:2). Das ICTR versucht nach eigenen Angaben, diesen Umstand zu berücksichtigen (PJRD 11 1998:38 ff.).

Doch selbst wenn die Zeugen eine Frage präzise beantworten, stellt sich das nächste Problem, wie der Leiter der Ermittlungsabteilung des ICTR berichtet: „The Rwandan culture is very difficult. If you ask a question, they answer that question. They don't go beyond that. So you have to build up into a way of getting that information out of a witness“ (ICTR 11 2009:46).

Eine weitere Erklärung für das unkooperative Verhalten von Zeugen ist, dass es für sie immer überaus unangenehm ist, vor dem ICTR auszusagen. Eine Vielzahl von Faktoren ist dafür verantwortlich: die ungewohnte Umgebung, der Stress, den die Aussage zu traumatischen Erlebnissen mit sich bringt, die Angst, dass die eigene Identität trotz Maßnahmen zum Zeugenschutz an die Öffentlichkeit gelangt und schließlich auch die Notwendigkeit, mithilfe eines Dolmetschers kommunizieren zu müssen und damit verbunden ein Gefühl der völligen Abhängigkeit von dessen Leistung und Unparteilichkeit.[74]

4.7.6 Kulturspezifische Vorstellungen von Justiz und Gerechtigkeit

Neben der für sich allein genommen bereits anspruchsvollen „normalen“ Dolmetschtätigkeit muss der Gerichtsdolmetscher zusätzlich noch zwischen unterschiedlichen Rechtssystemen und Vorstellungen von Justiz vermitteln (Mikkelson 2000:2). Dies gilt insbesondere auch für das ICTR. Die Menschen in Ruanda haben ihre eigenen, kulturspezifischen Überzeugungen von Justiz und Gerechtigkeit und eigene Vorstellungen vom Ablauf eines Gerichtsverfahrens. Wie sehr sich diese von westlichen Anschauungen unterscheiden, lässt sich am Beispiel eines alternativen ruandischen Gerichtsmodells anschaulich darstellen: Um den Mangel an Gerichten und Juristen nach 1994 auszugleichen, werden im Jahr 2001

---

[74] Vgl. des Forges 1999; Kapitel 4.6.7; Kapitel 4.8.2; Kapitel 4.4.4.

nach dem Vorbild der Dorfgerichte die so genannten *Gacaca*-Gerichte (wörtlich: „Justiz auf dem Gras“) eingeführt, die traditionelle Rechtsprechung mit moderner Justiz verbinden (Friedli 1996). Die Arbeitsweise dieser Gerichte wurde modernisiert, sie verfügen über Strafkompetenz und ihre Richter erhalten eine informelle juristische Schulung (Paul 2006:46; Corey/Joireman 2004:83). Die Zielsetzung dieser traditionellen Gerichte, an denen Täter und Opfer ohne Zwischenschaltung von Anwälten miteinander verhandeln, unterscheidet sich jedoch grundsätzlich von der westlichen Justiz (Friedli 1996). Nicht die Bestrafung des Täters steht im Mittelpunkt, sondern die Wiederherstellung des sozialen Friedens und der Harmonie sowie der Wiederaufbau der Gemeinschaft.[75]
Die Vorgehensweise des ICTR stößt unter Ruandern oftmals auf Unverständnis. Viele Opfer und Hinterbliebene der Gräueltaten von 1994 empfinden es zum Beispiel als unannehmbar, dass vom ICTR im Gegensatz zu ruandischen Gerichten nicht die Todesstrafe verhängt werden kann (Almqvist 2006:752). Kreuzverhöre sind in der ruandischen Rechtstradition unüblich, weshalb die Zeugen sich oftmals über diese Praxis beklagen und dementsprechend wenig kooperationsbereit sind (Almqvist 2006:757). Da dieses Verfahren eine derart befremdliche Wirkung auf die Zeugen hat, drücken sie sich mit Absicht unklar aus. Derartige Situationen bereiten den Dolmetschern große Schwierigkeiten: „[...] [C]'est très difficile d'interpréter des non-dits. [...] Et nous, dans la cabine kinyarwanda, parfois, nous sentons qu'il est en train de mentir, mais là, ce n'est pas notre travail, nous devons être neutres“ (ICTR 11 2009:43). Ein Dolmetscher des ICTR erläutert, dass das Dolmetschen während eines Kreuzverhörs im Vergleich zur Hauptbefragung sehr viel schwieriger ist, da der Zeuge einerseits unvorbereitet antworten muss und andererseits auf die aggressive Befragungsweise selbst mit Aggression reagiert, weil er sich angegriffen fühlt (ebd.). Der Dolmetscher darf jedoch weder die Aussagen des Anwalts noch die des Zeugen abmildern. Vielmehr sollte man sich am ICTR die Frage stellen, ob im Kontext der ruandischen Kultur die Anwendung dieser auch in vielen westlichen Ländern unüblichen Befragungsmethode überhaupt sinnvoll ist.

4.7.7 Umgang mit Beweismitteln

Oftmals sollen Zeugen ihre Aussage mit Hilfsmitteln und Beweisstücken erläutern oder untermauern. Dies bereitet vor allem der ungebildeten

---

[75] Vgl. Friedli 1996; Corey/Joireman 2004:82; Paul 2006:54.

Landbevölkerung große Schwierigkeiten. Sie sind nicht in der Lage, Angaben zu Farben und Automodellen zu machen (UNHCR Rutaganda 2003:222.). Auch der Gebrauch von Fotografien, Filmen, Karten, Luftaufnahmen und anderer grafischer Darstellungen ist vielen fremd (PJRD 11 1998:38 f.). Dies beeinträchtigt die Kommunikation erheblich, wie folgender Auszug aus einem Berufungsurteil belegt:

> These witnesses also experienced difficulty in testifying as to dates, times, distances, colours and motor vehicles. [...] [M]any of the witnesses testified in Kinyarwanda and as such their testimonies were simultaneously translated into French and English. As a result, the essence of the witnesses' testimonies was at times lost. Counsel questioned witnesses in either English or French, and these questions were simultaneously translated to the witnesses in Kinyarwanda. In some instances it was evident, after translation, that the witnesses had not understood the questions.
> (UNHCR Rutaganda 2003:222.)

Das Gericht gesteht also ein, dass die Kommunikation mit den Zeugen in einigen Fällen nicht gelang. Es ist nicht verwunderlich, dass eine solche Aussage als Berufungsgrund herangezogen wird. Im Urteil gegen Musema fordert das Gericht die Parteien dazu auf, bei der Nutzung von Beweismitteln die Kultur Ruandas besser zu berücksichtigen (PJRD 11 1998 39 f.).

Die unter 4.7 dargestellten Aspekte zeigen, wie vielfältig die Kommunikationsprobleme im Gerichtssaal aufgrund kultureller Unterschiede sind. Die Dolmetscher können nur bedingt einen Beitrag zur Vermeidung von Missverständnissen leisten. In erster Linie ist es deshalb wichtig, dass das Gericht ein Verständnis für diese Unterschiede und ihre Auswirkungen entwickelt und diese Erkenntnisse in die Bewertung der Glaubwürdigkeit der Zeugen miteinbezieht.

4.8 Dolmetschen für Vergewaltigungsopfer

4.8.1 Vergewaltigungen während des Völkermords

Bei Völkermordhandlungen im 20. Jahrhundert wird vermehrt systematisch massive sexuelle Gewalt angewendet, um eine Bevölkerungsgruppe auszulöschen (Card 1996/Salzman 1998, zit. in Mullins 2009(a):15). Dies ist sowohl im ehemaligen Jugoslawien als auch in Ruanda der Fall. Während des Völkermords in Ruanda 1994 werden zwischen 250.000 und 500.000 Frauen, hauptsächlich Tutsi, vergewaltigt (Mullins 2009(a):16). Genaue Zahlen sind nicht ermittelbar. Infolge der Verletzungen durch sexuelle Misshandlungen sterben viele Frauen, andere überleben traumatisiert und infiziert mit Krankheiten (PJRD 21 1997:9). Das ICTR beginnt erst sehr spät, sich mit dem Thema Vergewaltigung zu beschäftigen und Ermittlungen in diese Richtung durchzuführen (Mullins 2009b:732). Informationen über die sehr hohe Zahl an Opfern erreichen das ICTR zunächst über Nichtregierungsorganisationen und über Zeugenaussagen (ebd. 725). Erst im Oktober 1996 wird eine Spezialeinheit zur Aufklärung der Sexualverbrechen gegründet (ebd.; PJRD 21 1997:3). Am 2. September 1998 wird mit Jean-Paul Akayesu zum ersten Mal eine Einzelperson wegen Anstiftung zu sexueller Gewalt von einem internationalen Gerichtshof verurteilt (Mullins 2009a:23). In diesem Urteil wird ebenfalls zum ersten Mal Vergewaltigung als Verbrechen gegen die Menschlichkeit eingestuft und systematische Vergewaltigungen werden als Verbrechenstatbestand des Völkermordes angesehen (Aberle 2001; Arnold 1999:138). Im Urteil heißt es: „[...] [R]ape and sexual violence [...] constitute genocide in the same way as any other act as long as they were committed with the specific intent to destroy [...] a particular group [...]“ (PJRD 2 1998:288).

Dieses Urteil mag zwar bahnbrechend gewesen sein, inzwischen hat sich jedoch gezeigt, dass ein solcher Richterspruch am ICTR insgesamt eine Ausnahme darstellt (90 % der Urteile enthalten keine Verurteilung wegen Vergewaltigung) und die Mehrheit der Angeklagten vom Vorwurf der Vergewaltigung freigesprochen wird (Nowrojee 2005:3, 8). Die Hoffnungen der Opfer werden größtenteils enttäuscht. Auch verspielt das ICTR das Vertrauen der Zeuginnen, vor allem durch Missstände beim Zeugenschutz. Die den Opfern zugesicherte Anonymität, mit Hilfe derer sie überhaupt erst von einer Aussage vor dem ICTR überzeugt werden können, wird in mehreren Fällen nicht gewahrt, beziehungsweise die Identität der Zeugen wird der Gegenpartei grundsätzlich mitgeteilt.[76] Auch das Vorgehen der Ermittler, die sich in Ruanda nur unter Begleitschutz bewegen können und so Aufmerksamkeit erregen, gefährdet die Anonymität der Zeugen (Mullins 2009b:723; PJRD 21 1997:4 f.). Eine Frauenrechtsorganisation berichtet zudem von schlecht geführten Ermittlungen durch das Sexual Assault Investigations Team (SAT) des ICTR und einer schlechten Betreuung der Zeugen:

> [...] [W]omen refused to collaborate with ICTR staff. Due to a shortage of interpreters, the SAT came to the meeting without an interpreter and had to rely on one of the women's association's coordinators to translate. SAT staff asked the women if any of them would be willing to name those who committed genocide and rape. One woman

[76] Vgl. Mullins 2009b:723; Nowrojee 2005:22; ICTR 11 2009:20.

responded, expressing the general feeling of the group, saying they would not cooperate because there is no follow-up by the ICTR.
(Walsh 1997)

4.8.2 Vergewaltigung – ein Tabuthema in der ruandischen Kultur

Um erfolgreich Nachforschungen anstellen zu können, müssen die Ermittler zunächst verstehen, welche Folgen eine Vergewaltigung in der ruandischen Kultur für das Opfer nach sich zieht, und dies bei ihrer Vorgehensweise berücksichtigen. Mullins erläutert, warum Vergewaltigung während des Genozids als „Waffe" zur Vernichtung der Tutsi eingesetzt wurde:

In patriarchal societies, one can undermine the legitimacy of men through attacking their women. [...] This sort of violence symbolically and culturally undercuts a central pillar of social organization underlying family and economic realms; it destroys far more than individual people, but attacks some of the Tutsi's key cultural principles.
(Mullins 2009a:28)

In Ruanda wird die Rolle der Frau als Ehefrau und Mutter sehr hoch geschätzt (Nowrojee 2005:24). Eine Vergewaltigung bedeutet eine Schande für das Opfer und die gesamte Familie, weshalb Betroffene häufig von einer Anzeige absehen (Mullins 2009b:725; PJRD 21 1997:3). Aufgrund der Gefahr der Ausgrenzung auch durch die eigene Familie verschweigen viele Frauen sogar ihren Partnern und Angehörigen, was ihnen widerfahren ist (Nowrojee 2005:22 f.). Anonymität ist deshalb die wichtigste Vorbedingung für eine Aussage vor Gericht.

Über Sexualität zu sprechen ist ein gesellschaftliches Tabu in Ruanda, weshalb es Zeugen vor Gericht oft unangenehm ist, selbst Wörter zur Bezeichnung von Geschlechtsorganen zu benutzen (Almqvist 2006:757; ICTR 24 2008:5). Stattdessen verwenden sie eine Vielzahl von Euphemismen oder beschränken sich auf minimale Ausführungen des Geschehenen (Mullins 2009a:26). Ohne dieses kulturelle Hintergrundwissen kann es leicht geschehen, dass Berichte von sexuellen Übergriffen nicht als solche erkannt werden und ungestraft bleiben (ICTR 24 2008:5). Bereits vor der ersten Befragung einer solchen Zeugin weist die Kinyaruanda-Abteilung des Sprachendienstes darauf hin: „[...] Kinyarwanda witnesses and interpreters do not use the explicit language of penis or vagina or sexual organs."[77] Die Herausforderung für die übrigen Dolmetscher besteht darin, diese von ihren Kollegen der Kinyaruanda-

[77] Protokoll zum Verfahren gegen Akayesu vom 23.10.1997, zit. in Mullins 2009b:725.

Kabine verwendeten Euphemismen zu erkennen und richtig einzuordnen, um dann den Richtern und Parteien mit einer adäquaten Übersetzung die wirkliche Bedeutung des Gesagten verständlich zu machen. Dies gelingt jedoch nicht immer. In mehreren Fällen bemängeln Verteidiger, dass unterschiedliche Ausdrücke in Kinyaruanda ungenau mit „Vergewaltigung" übersetzt werden (Heller 2006). Aus diesem Grund werden im Verfahren gegen *Akayesu* die offiziellen Dolmetscher des Verfahrens zu den verschiedenen Ausdrucksweisen befragt (PJRD 2 1998:75). Mit diesem Vorgehen beweist das Gericht, dass es sich der Bedeutung der sprachlichen Nuancen für die Zeugenaussagen bewusst ist (Byrne 2007:634).

Die folgenden Beispiele für Euphemismen zur Umschreibung einer Vergewaltigung verdeutlichen, dass oft nur der Kontext Aufschluss über die eigentliche Bedeutung geben kann: „gusambanya" („jemanden dazu bringen, Ehebruch zu begehen oder Unzucht zu treiben"), „kurungora" („sexuellen Verkehr mit einer Frau haben, ungeachtet ihres Ehestandes oder ihrer Einwilligung"), „kuryamana" („ein Bett teilen, miteinander schlafen"), „gufata ku ngufu" („etwas mit Gewalt nehmen"; „vergewaltigen") (PJRD 2 1998:75). Auch Sätze wie in der englischen Übersetzung „he made me sit down" oder „he married me" gehören zu diesen Euphemismen (ICTR 24 2008:5). Die Beraterin für Genderfragen und Zeugenschutz des ICTR gibt zu diesem Thema eine Erläuterung, die aus Sicht des westlichen Kulturkreises nur schwer nachvollziehbar ist:

> Dans la culture rwandaise [...], le mot « viol » est confondu avec le mot « mariage ». Ainsi, la victime avait déclaré [...] qu'elle avait « été mariée » au lieu de [...] « violée ». Donc, ceci a pris énormément de temps pour que les gens comprennent les nuances. [...] [L]e mot « kurongora » [...] insinue une banalisation du crime de violence sexuelle. [L]a philosophie du viol est presque tolérée dans notre culture et que, peut-être, les gens qui l'ont perpétré croyaient que c'était une continuation d'exploitation, comme on le dit, du « butin de guerre ». Ainsi, la connaissance de la culture pourrait fournir des explications complémentaires pour les procès.
> (ICTR 11 2009:47)

Sie empfiehlt, eine einheitliche Terminologie zu entwickeln und diese vom Beginn der Ermittlungen an bis hin zur Urteilssprechung zu verwenden, da die Klärung von Fragen dieser Art nicht nur einen Zeitverlust bedeutet, sondern auch zu falschen juristischen Schlussfolgerungen führen kann (ebd.). Wieder einmal zeigt sich, dass die Qualität der Verdolmetschung der Zeugenaussagen von größter Bedeutung für die Rechtsprechung ist. Nowrojee weist darauf hin, dass es umgekehrt aber ebenso wichtig ist, dass die Dolmetscher beim Formulieren der Fragen an die Zeuginnen diese kulturellen Tabus ebenfalls berücksichtigen und ihre Worte entsprechend wählen, da sonst keine Basis für eine erfolgreiche Kommunikation gegeben ist (PJRD 20 2004:22). Um möglichst detaillierte Informationen von den Opfern zu erhalten, ist während der Befragung großes Einfühlungsvermögen erforderlich.

4.8.3 Die Wahl des Dolmetschers

Nowrojee erklärt, dass von der Wahl des richtigen Dolmetschers mit abhänge, wie wohl sich eine Zeugin während der Befragung fühlt und ob sie zu einer umfassenden Aussage bereit ist (PJRD 20 2004:22). Das wichtigste Kriterium ist hier das Geschlecht des Dolmetschers. Da sich die Opfer in Anwesenheit eines Mannes nicht zu Sexualverbrechen äußern wollen, sollte bei solchen Befragungen immer eine Dolmetscherin eingesetzt werden (Gazurek/Saris 2002). Nowrojee bestätigt dies:

> Some [...] have suggested that it is nearly impossible to investigate rape because Rwandan women will not talk about their ordeals. This is patently false. Rwandan women will talk, but only under certain conditions. [...] [I]nvestigation of rape [...] is best carried out by female investigators using female interpreters. Numerous Rwandan women [...] admitted their discomfort in telling their story to a man, but were willing to speak to female investigators.
> (Nowrojee 1996)

Das ICTR kommt in einem Bericht zur Befragung von Vergewaltigungsopfern zu dem gleichen Schluss (ICTR 24 2008:5 f.). Allerdings scheint es diese im Grunde selbstverständliche Erkenntnis nicht in die Praxis umzusetzen und vorwiegend männliche Ermittler sowie Dolmetscher einzusetzen, wie Nowrojee kritisiert (Nowrojee 1996).

Ein weiteres wichtiges Kriterium zur Förderung des Vertrauens ist die Zugehörigkeit der Dolmetscherin zur gleichen „ethnischen" Gruppe wie das Opfer, erklärt Nowrojee (PJRD 22 2005:58). Für manche Frauen ist es sogar von Bedeutung, dass die Dolmetscherin auch eine Überlebende des Völkermords und nicht eine nach 1994 nach Ruanda zurückgekehrte Rückwanderin aus dem Ausland ist, da es auch zwischen diesen beiden Gruppen Spannungen gibt (Nowrojee 1996): „There was a sense amongst the survivors of feeling blamed [...] for having survived under the protection of the militiamen who had kept them for sexual service" (PJRD 23 2005:9).

Eine Frauenrechtsorganisation empfiehlt dem ICTR in einem Artikel zum Umgang mit Vergewaltigungsopfern, zusätzlich zu den sprachlichen

Fähigkeiten auch die persönliche Einstellung des Dolmetschers zu überprüfen:

> Spend the time necessary to recruit someone you feel is the most appropriate for interpreting; i.e., someone who knows how to listen; is not judgmental; is sensitive, caring, etc. Ask questions to assess the interpreter's personal views on gender inequality, rape, etc. [...] Do NOT hesitate to rely on another interpreter if you have misgivings about the quality and/or personal politics of the person you had originally hired. Remember that interpreting is a very difficult and demanding task [...].
> (Gazurek/Saris 2002)

Außerdem sollten die Ermittler und auch Dolmetscher vor der Befragung von Vergewaltigungsopfern speziell psychologisch geschult werden und angemessene Befragungsmethoden erlernen, was jedoch am ICTR nicht der Fall ist (Nowrojee 2005:12). Menschenrechtsorganisationen fordern das ICTR mehrfach zu solchen Maßnahmen auf (Gazurek/Saris 2002; Nowrojee 2005). Auch am ICTR ist man sich dieses Missstandes bewusst:

> A gender sensitive approach to victims and [...] protective [...] measures should be adopted and due consideration given [...] to the employment of qualified women. [...] [C]ounseling traumatized victim-witnesses effectively involves [...] the cultural understanding of the psychological profile of such witnesses [...].
> (ICTR 5 2002)

Eine ICTR-Konferenz im Jahr 2008 befasst sich ebenfalls mit diesem Thema: „The specialized unit is envisaged as consisting of lawyers, investigators, doctors, nurses, counsellors, interpreters and witness assistants, who would have undergone specialised training on how to handle the victims" (ICTR 24 2008:5 f.).
Doch das ICTR scheint seine guten Vorsätze nicht in die Tat umzusetzen. Auf die Frage hin, ob er schon einmal eine Befragung eines Vergewaltigungsopfers gedolmetscht hätte und ob er speziell dafür geschult wurde, antwortet ein männlicher (!) Dolmetscher im Jahr 2010: „A maintes reprises, mais aucune préparation ni formation spéciale" (Umfrage Antwort 1). Die Erfahrungen eines weiteren männlichen Dolmetschers decken sich mit dieser Aussage (Umfrage Antwort 2).

4.9 Besondere Belastungen für die ICTR-Dolmetscher

4.9.1 Psychische Belastung

Gerichtsdolmetschen kann aufgrund der Inhalte der Vernehmungen psychisch sehr belastend für den Dolmetscher sein. Dies gilt insbesondere für politische Verfahren, bei denen es häufig um extrem brutale Straftaten wie Folter oder Mord geht. Während der Nürnberger Prozesse etwa mussten einige der besten Dolmetscher ausgewechselt werden, da sie das Gehörte nicht verarbeiten konnten (Gaiba 1998, zit. in Berk-Seligson 2002:231). Eine am ICTY durchgeführte Studie ergab, dass viele der dort tätigen Dolmetscher an einer Form posttraumatischer Belastungsstörung litten (Morris 1999, zit. in Berk-Seligson 2002:232). Die Situation am ICTR ist sehr ähnlich. Zwar gibt es nur wenige Quellen zu diesem Aspekt, doch stimmen diese alle überein. Ein Dolmetscher erklärt, dass die größte Herausforderung seiner Tätigkeit die zu dolmetschenden Inhalte seien:

> One is interpreting real people, real tragedy. Here I am referring to some of the more gruesome details of the genocide. Dealing with subjects such as killing, rape, extermination and the like on a daily basis can tend to wear down anyone.
> (Alderman 2005, zit. in Karton 2008)

Er führt aus, dass die Zeugenaussagen in manchen Fällen derart schwer zu ertragen sind, dass er sogar einen Kollegen bitten muss, ihn abzulösen. Auch ein weiterer Dolmetscher des ICTR bejaht die Frage nach der seelischen Belastung (Umfrage Antwort 2). Dennoch erhalten die Dolmetscher kaum Unterstützung von Seiten des ICTR, wie ein anderer Dolmetscher erklärt: „[...] [Il n'y a] aucune prise en charge psychologique sauf une ou deux formations sur le post traumatic stress disorder“ (Umfrage Antwort 1).

Ein ruandischer Dolmetscher des ICTR erläutert auf einer Konferenz, warum die Zeugenaussagen gerade für die Kinyaruanda-Dolmetscher besonders belastend sind:

> Beaucoup de témoins [...] ont été traumatisés par ce qui s'est passé au Rwanda. Étant donné que l'interprète kinyarwanda comprend directement ce qu'ils disent, il est quelque part affecté. À ce jour, on ne sait pas dans quelle mesure l'interprète de la cabine kinyarwanda – aussi bien que les autres interprètes – est affecté par ce traumatisme des témoins, puisqu'il partage, en quelque sorte, leurs blessures.
> (ICTR 11 2009:44)

Für die Kinyaruanda-Dolmetscher sind die Zeugenaussagen besonders schwer zu verkraften, da es um Gewalttaten in ihrem Heimatland geht. Mit hoher Wahrscheinlichkeit ist jeder Einzelne von ihnen in irgendeiner Weise von dem Völkermord betroffen, wie auch die Verteidigung im Verfahren gegen *Ntakirutimana* erklärt:

> The first task for the ICTR was to be absolutely certain of the fidelity of all [its] translators [...] to produce accurate, objective, unemotional translation of [...] testimony. [...] In the midst of the trauma, chaos, and powerful motivations of the RPF and other leadership that saturated the environment, the translator, who has to be fluent in colloquial Kinyarwanda and English or French, faced a daunting responsibility.
> (PJRD 9 2002:265)

Eine weitere Frage in diesem Zusammenhang ist, wie die ruandischen Dolmetscher, die alle einer der beiden „ethnischen" Gruppen Ruandas angehören, den Zwang zur Neutralität empfinden. Von den Dolmetschern, die während des Jugoslawien-Krieges im Einsatz waren, ist bekannt, dass diese Neutralität für sie seelisch nur sehr schwer zu ertragen war und mitunter sogar zu psychischen Erkrankungen führte (Stahuljak 1999:44). Ohne weitergehende Nachforschungen kann diese Frage in Bezug auf die ruandischen Dolmetscher jedoch nicht beantwortet werden. Ein anderer für die Kinyaruanda-Dolmetscher belastender Umstand ist, dass ihnen eben diese Neutralität oftmals abgesprochen wird und ihnen stattdessen Misstrauen und Argwohn entgegengebracht werden (vgl. Kapitel 4.4.4).
Die Vermutung, dass das Dolmetschen von Aussagen zu Vergewaltigungen speziell für die Dolmetscherinnen sehr belastend ist, kann nicht mit Sicherheit bestätigt werden. Erkenntnisse aus anderen Quellen lassen diesen Schluss jedoch zu: So fand Berk-Seligson in Interviews mit Dolmetscherinnen am ICTY heraus, dass das wiederholte Dolmetschen solcher Zeugenaussagen für sie derart belastend ist, dass sie schließlich psychologische Hilfe in Anspruch nehmen müssen (Berk-Seligson 2002:232). Auch in einer Doktorarbeit zu dem Thema Vergewaltigung während des ruandischen Völkermords wird davon berichtet, dass die ruandischen Dolmetscherinnen das Gehörte nur schlecht verarbeiten können und in Folge dessen unter Alpträumen leiden und unterschiedliche körperliche Symptome entwickeln, so dass einige sogar die Arbeit abbrechen müssen (Zraly 2008:224). Es ist deshalb sehr wahrscheinlich, dass es den Dolmetscherinnen am ICTR ähnlich ergeht.

4.9.2 Bedrohung von Dolmetschern

Gerichtsdolmetscher in politischen Verfahren sind besonderen Risiken ausgesetzt. Zum einen haben sie – genau wie Zeugen – Zugang zu brisanten Informationen, zum anderen besteht die Gefahr, dass sie aufgrund ihrer Zusammenarbeit mit dem Gericht von Anhängern der gegnerischen Partei als Verräter oder Kollaborateur angesehen und deshalb bedroht werden, denn die Organisationen, für die sie arbeiten, also zum Beispiel die

UNO, treffen nicht unbedingt auf die Unterstützung der gesamten Bevölkerung (Thomas 2003:307).

Für das ICTR gibt es diesbezüglich kaum Informationen. Allerdings ist es naheliegend, dass zumindest die Kinyaruanda-Dolmetscher ebenfalls von diesem Problem betroffen sind. Anlass zu dieser Annahme geben Berichte von Shaharyar Khan, dem Sonderberichterstatter der UNO in Ruanda für die Jahre 1994 bis 1996. Er führt den konkreten Fall eines ruandischen UNAMIR-Dolmetschers an, dem eines Tages von der RPF vorgeworfen wird, eine Rede Kagames inkorrekt und verzerrt gedolmetscht zu haben (Khan 2000:167). Einige Monate später verschwindet er und wird nie wieder gefunden (ebd. 168). Vermutlich wurde er von der RPF entführt und ermordet. Khan schreibt: „This incident, more than any other, brought home the terror that ordinary innocent folk in Rwanda lived with when they sought employment with UN agencies or with diplomatic missions“ (Khan 2000:168).

Es ist bekannt, dass für Zeugen eine Aussage vor dem ICTR nicht ungefährlich ist. Aus diesem Grund gibt es eigens eine Abteilung für Zeugenschutz. Zudem werden besondere Maßnahmen – wie die Verwendung von Pseudonymen und das Aussagen hinter Sichtschutz – zur Wahrung der Anonymität der Zeugen getroffen, die jedoch, wie bereits dargestellt, nicht immer ausreichen (vgl. Kapitel 4.8.1). Den Kinyaruanda-Dolmetschern kommt hier eine weitere verantwortungsvolle Aufgabe zu: Wenn die Zeugen während der Befragung allen Vorsichtsmaßnahmen zum Trotz ihre eigene Identität oder die von Familienmitgliedern preisgeben, muss der Dolmetscher sofort reagieren und dem Vorsitzenden melden, dass ein Teil der Aussage zum Schutz des Zeugen nicht gedolmetscht werden darf (ICTR 11 2009:44). Anschließend schneiden die Techniker die entsprechende Stelle aus der Originalaufnahme heraus (PJRD 31 2005:87). Für Zeugen, die aus Sicherheitsgründen nicht nach Arusha reisen können, wird die Befragung über eine Videoschaltung durchgeführt. Auch in solchen Fällen kommen die Dolmetscher natürlich zum Einsatz (ICTR 18 2002:6).[78]

Es ist deutlich geworden, dass die Zeugen aus Sicht des ICTR einem besonderen Risiko ausgesetzt sind und des Schutzes bedürfen. Für die Dolmetscher hingegen wird es nicht für notwendig erachtet, spezielle Sicherheitsvorkehrungen zu treffen. Ihre Namen werden mitunter sogar in den Gerichtsprotokollen erwähnt oder stehen in den über die *Public*

---

[78] Die Besonderheiten des Dolmetschens über Videoschaltung am ICTR können jedoch im Rahmen dieser Arbeit nicht näher beleuchtet werden.

Judicial Records Database öffentlich zugänglichen Dokumenten (zum Beispiel in PJRD 13:1996). Wie leicht ein Dolmetscher in Gefahr gebracht werden kann, zeigt der Fall des – fälschlicherweise – als ehemaliges Mitglied der Hutu-Miliz bezeichneten Dolmetschers (vgl. Kapitel 4.4.5). Die Verteidigung ist empört: „[...] [T]he fact of just saying that a Rwandan was an Interahamwe is a very very serious threat to his life" (*Hirondelle* 15 2001).

In einem konkreten Fall gibt es Erkenntnisse über Drohungen gegen einen in Ruanda ansässigen Dolmetscher des ICTR: Der für die Verteidigung im Fall *Ntabakuze* tätige Ruander Emilien Dusabe, in den Dokumenten mal als „interpreter" für die Sprachen Kinyaruanda und Französisch, mal als „legal assistant" bezeichnet, beobachtet bei Ermittlungen in Kigali Einschüchterungsversuche und Fälle von Gewaltanwendung gegenüber potenziellen Zeugen der Verteidigung (PJRD 28 2006:184; Erlinder 2008). Da er dies dem UNO-Büro in Kigali meldet, droht ihm in Ruanda die Verhaftung auf Grundlage einer Anklage wegen „minimization of genocide".[79] Im Fall *Kajelijeli* ist er mit Übersetzen und Dolmetschen beauftragt, doch kann er diese Aufgabe bereits nicht mehr wahrnehmen: Dusabe muss Ruanda aus Sicherheitsgründen verlassen und versucht, in Frankreich politisches Asyl zu erhalten (Erlinder 2008; PJRD 30 2005). Die Zusammenarbeit mit dem ICTR möchte er in keiner Form mehr weiterführen (ebd.).

Für die Englisch-Französisch-Dolmetscher scheint es in dieser Hinsicht keine Probleme zu geben, wie auch ein Dolmetscher des ICTR mit dieser Sprachenkombination bestätigt (Umfrage Antwort 1). Um eine repräsentative Aussage machen zu können, wäre allerdings eine größere Zahl von Rückmeldungen von Seiten der ICTR-Dolmetscher notwendig.

4.10 Kritikpunkte

4.10.1 Kritik unerwünscht: das Beispiel des Dolmetschers Sirois

Wie ein UN-Bericht aus dem Jahr 1997 offenlegt, gibt es vor allem in den ersten Jahren des Bestehens des ICTR schwere Fälle von Misswirtschaft (Grill 2002; Aberle 2001). In diesem Zusammenhang ist der kanadische Jurist und Dolmetscher André Sirois zu erwähnen, der zu dieser Zeit am ICTR als Übersetzer und Dolmetscher angestellt ist. Er prangert diese Missstände – zusammen mit zwei Kollegen aus anderen Abteilungen – an und trägt so dazu bei, dass sie aufgedeckt und schließlich behoben werden können. Bis die UNO die Richtigkeit der Vorwürfe erkennt, haben die

---

[79] Vgl. Erlinder 2008; PJRD 29 2007:8; PJRD 28 2006:184.

Beschuldigten jedoch Gelegenheit, ihn erst zu schikanieren und dann dafür zu sorgen, dass sein Arbeitsverhältnis 1996 nicht verlängert wird (UNAT 1135 2003:I.-VII.). Zum Beispiel wird sein Telefon entfernt und Faxe von ihm nicht weitergeleitet (UNAT 1135 2003:VII.). Außerdem wird ein überaus positiver Bericht über die Entwicklung seiner Leistungen durch einen gefälschten schlechten ausgetauscht. Proteste von Seiten der Verteidigung bleiben erfolglos:

> [...] [T]he Deputy Prosecutor submitted [...] a covering memorandum which stated, inter alia, "I insist that (the Applicant's) contract be extended. The acute shortage of translators ... will not permit us to let him go ... (and) he is the only legal translator we have."
> (UNAT 1135 2003:III. b)

Es dauert ein Jahr, bis feststeht, dass Sirois Anschuldigungen gerechtfertigt sind (Edwards 2004). Mehrere Jahre ist Sirois anschließend arbeitslos, bis sein Name letzten Endes rehabilitiert wird.

> [...] [T]he Tribunal rendered Judgement No. 1135 (2003), finding that the decision not to renew the Applicant's contract was null and void; awarding him compensation of two years' salary, [...] ordering that all defamatory and forged documents in the Applicant's personnel file be withdrawn and that all favourable items that had been removed from the file be returned thereto.
> (UNAT 1190 2004:1)

Aus einem Zeitungsbericht geht jedoch hervor, dass die drei Geschädigten auch 2004, das heißt acht Jahre nach der unrechtmäßigen Kündigung, immer noch auf die Zahlungen warten:

> It has been seven years since Secretary General Kofi Annan was forced to dismiss the first chief administrative officer and deputy prosecutor of the troubled war crimes tribunal for Rwanda for their gross mismanagement. But three whistleblowers whose warnings helped draw attention to the incompetence and abuses that were undermining the work of justice there are still awaiting compensation.
> (Crossette 2004)

Derartige Vorfälle fügen dem Ansehen des ICTR enormen Schaden zu und lassen erhebliche Zweifel am Prozess der Wahrheitsfindung aufkommen. Es bleibt nur zu hoffen, dass sich ein solcher Skandal nicht wiederholt.

4.10.2 Das ICTR – ein Gerichtshof für das ruandische Volk?

Eine der vorrangigen Aufgaben des ICTR ist es, die Menschen in Ruanda bei der gerichtlichen Aufarbeitung und somit auch seelischen Verarbeitung des Völkermords zu unterstützen und zur Wiederherstellung des Friedens beizutragen, wie es in Resolution 955 des UN-Sicherheitsrats heißt: „[...] [T]he prosecution of persons responsible for serious violations of international humanitarian law [...] would contribute to the process of national reconciliation and to the restoration and maintenance of peace [...]“ (UN 6 1994:1). Bei eingehender Betrachtung der Arbeitsweise des ICTR drängt sich dem Außenstehenden jedoch unweigerlich der Eindruck auf, dass das ICTR sich vor allem an die internationale Gemeinschaft und nicht an die Bevölkerung Ruandas wendet. Woran sich dies feststellen lässt und welche negativen Auswirkungen diese Vorgehensweise auf das Verhältnis zwischen dem ICTR und dem ruandischen Volk hat, wird im Folgenden dargestellt.

Die Bevölkerung Ruandas erhält nur spärliche Informationen über den Verlauf der Verfahren am ICTR. „Not only has the ICTR been inefficient and costly, but the trials have had little impact on Rwanda“ (Amstutz 2006:553). Mögliche Gründe hierfür sind die räumliche Distanz zu dem Gericht mit Sitz in Tansania und auch die Unstimmigkeiten zwischen dem ICTR und der ruandischen Regierung. Dies sind jedoch nicht die Hauptursachen. Sprachliche Barrieren spielen eine ebenso bedeutende Rolle. Die Tatsache, dass Kinyaruanda, die Sprache von 90 % der Zeugen und Angeklagten, nicht als eine der Arbeitssprachen des Gerichts ausgewählt wurde, ist ein häufiger Kritikpunkt, der zudem belegt, dass das ruandische Volk nicht der Hauptadressat des ICTR ist (Hartmann 2009; Amstutz 2006:553; Almqvist 2006:748). Aus Mangel an Sprachmittlern – und wahrscheinlich auch aus Kostengründen – wird zudem auf das Dolmetschen und Übersetzen verschiedenster Texte in Kinyaruanda verzichtet. Møse, ehemaliger Vorsitzender des ICTR, hebt zwar lobend die Tatsache hervor, dass bei jeder Urteilsverkündung eine Zusammenfassung in beide Arbeitssprachen und auch in Kinyaruanda gedolmetscht und dann auch in Ruanda ausgestrahlt wird (Møse 2005:238). Gleiches gilt für Berichte über wichtige Ereignisse am ICTR (ICTR 32 2000). Hierbei vergisst Møse jedoch zu erwähnen, dass kaum eines der Urteile auch schriftlich übersetzt und für die Bevölkerung Ruandas – zumindest den kleinen Teil, der über einen Internetzugang verfügt – zugänglich auf die Internetseite des ICTR gestellt wird. Übersetzen alleine würde jedoch ohnehin nicht ausreichen: Es wäre zusätzlich überaus sinnvoll, die Urteile zu kürzen und in eine für Nichtjuristen und auch die ungebildete Landbevölkerung Ruandas verständliche Sprache zu übersetzen (Peskin 2005:956 f.). Ein Kinyaruanda-Dolmetscher kritisiert diesen Missstand und beschreibt die Situation im Jahr 2009 folgendermaßen:

En 2009, on ne trouve sur la partie en kinyarwanda de ce site que trois jugements, mal traduits et non révisés. [...] On trouve cependant [...] plus de 40 jugements en français et en anglais. Ce Tribunal a été créé pour aider les Rwandais [...], [...] [pour] contribuer au « processus de réconciliation nationale ». Étant donné que plus de 90 % des Rwandais ne parlent que le kinyarwanda, ils manquent cruellement de documents de référence. Nous espérons que tout sera [...] [fait pour] traduire [...] tous les jugements avant la fermeture du TPIR.
(ICTR 11 2009:41 f.)

Ein Blick auf die Internetseite des ICTR in Kinyaruanda reicht, um diese Darstellung zu bestätigen. Es sind kaum Dokumente in Kinyaruanda vorhanden.
Die Tätigkeit als Sprachmittler, in welcher Form auch immer, ist zudem für Ruander fast die einzige Möglichkeit, mit dem ICTR zusammenzuarbeiten und so einen Beitrag zur Aufarbeitung des Völkermords zu leisten. Ansonsten werden höchstens Stellen als Hausmeister oder Wachmann an Ruander vergeben, höhere Positionen sind jedoch aufgrund einer grundsätzlich misstrauischen Einstellung gegenüber ruandischen Mitarbeitern für sie unerreichbar (Peskin 2005:959).
Das ICTR versucht zwar, die Kooperation mit Ruanda und den Kontakt zu den Menschen durch unterschiedliche Maßnahmen wie eine verstärkte Zusammenarbeit mit der Universität Butare bei der Ausbildung von Kinyaruanda-Dolmetschern oder eine juristische Kooperation zu intensivieren, doch reichen diese Bemühungen nicht aus (ICTR 3 2003). Zum Beispiel gibt es in Kigali zwar seit dem Jahr 2000 ein Informationszentrum des ICTR, allerdings nur mit Informationen in Englisch und Französisch (Nowrojee 2005:20; Møse 2005:238). Die Landbevölkerung, unter der die Analphabetenrate weit höher ist als in der Stadt, wird vom ICTR fast gar nicht erreicht. Das sinnvollste wäre es, Nachrichten des ICTR über das Radio zu verbreiten, da dies das am weitesten verbreitete Medium in Ruanda ist. Aber auch hierfür wäre es notwendig, die Meldungen zunächst in Kinyaruanda übersetzen oder auch dolmetschen zu lassen, was jedoch aufgrund von Kapazitätsproblemen nicht möglich zu sein scheint: „[...] [T]he ICTR news service has limited human resources and only broadcasts short press releases, in French and in English, providing information on the Tribunal's agenda and major decisions" (*Hirondelle* 11). Die meisten afrikanischen Medien wiederum können es sich nicht leisten, Berichterstatter nach Tansania zu entsenden (Aberle 2001).
Das einzige Presseorgan, das täglich über die Gerichtsprozesse berichtet, und dies neben Englisch und Französisch auch in Kinyaruanda und sogar in Kiswahili, ist die *Hirondelle News Agency Arusha* der *Fondation*

Hirondelle, die zudem dank zahlreicher Kooperationen mit regionalen und internationalen Medien eine große Verbreitung der Nachrichten gewährleistet (*Hirondelle* 11).
Die Kritik am ICTR von Seiten Ruandas und die Enttäuschung des ruandischen Volkes sind aus den hier genannten Gründen mehr als nachvollziehbar.

5 Dolmetschen am ICTR – eine überwiegend negative Bilanz

Die im Rahmen dieser Arbeit untersuchten Aspekte belegen, dass das Dolmetschen am ICTR keineswegs reibungslos funktioniert, sondern dass eine Vielzahl unterschiedlicher Schwierigkeiten die Arbeit der Dolmetscher beeinträchtigt. Die schwerwiegendsten Mängel lauten wie folgt: Dem ICTR gelingt es nicht, eine ausreichende Zahl an Sprachmittlern einzustellen, was zu einer ständigen Überlastung des Sprachendienstes führt. Wie der Fall des Dolmetschers Singaye zeigt, lässt das ICTR zudem bei der Auswahl seiner Dolmetscher nicht die notwendige Sorgfalt walten, was der Glaubwürdigkeit des Gerichts enormen Schaden zufügt. Außerdem wurden die grundlegenden Rechtstexte des Gerichts bis heute nicht in Kinyaruanda übersetzt. Des Weiteren ist die Qualitätssicherung nicht ausreichend, da nicht alle Aussagen auf Band aufgenommen und die in Ruanda aufgenommenen Protokolle nicht konsequent für die Zeugen Stegreif rückübersetzt und von den Dolmetschern unterschrieben werden. Ferner ist die Zusammenarbeit zwischen Dolmetschern und Juristen von unterschiedlichsten Problemen gekennzeichnet. Sehr heikel ist, dass den Dolmetschern oftmals von verschiedenster Seite misstraut wird. Die zu dolmetschenden Inhalte sind für sie psychisch sehr belastend, jedoch erfahren sie von Seiten des ICTR keinerlei Unterstützung zum Beispiel in Form einer psychologischen Betreuung. Überdies müssen die Dolmetscher ohne spezielle Ausbildung und ungeachtet ihres Geschlechts die Befragungen von Vergewaltigungsopfern dolmetschen, was für beide Seiten eine überaus unangenehme Situation ist. Der Kontakt zwischen dem ICTR und der ruandischen Bevölkerung ist mangelhaft, da unter anderem viel zu geringe Anstrengungen zur Kommunikation mithilfe von Kinyaruanda-Übersetzern und -Dolmetschern unternommen werden. Die größten Fehlerquellen und Schwierigkeiten für die Dolmetscher bestehen darin, dass sie – zumindest zu Anfang – nicht über juristisches Hintergrundwissen zu dem spezifischen Rechtssystem des ICTR verfügen und viele sogar überhaupt keine Erfahrung mit Dolmetschen im juristischen Kontext haben. Zudem ist es bis heute nicht gelungen, eine einheitliche juristische Terminologie für Kinyaruanda auszuarbeiten. Aufgrund des deutlich erhöhten Fehlerpotenzials ist das Dolmetschen über Relais, wie es in den Anfangsjahren am ICTR gang und gäbe war, für das Gerichtsdolmetschen völlig ungeeignet. Große Probleme bereitet überdies das Dolmetschen in und aus Kinyaruanda, und zwar insbesondere dann, wenn die Sprache als Propagandainstrument der Politik benutzt wird. Auch die ruandische Kultur und Mentalität führen zu diversen ernsthaften Kommunikationsproblemen.

Vor dem Hintergrund der Tragweite und der Schwere der verhandelten Fälle und der Höhe des möglichen Strafmaßes ist dieses Ergebnis besorgniserregend. Da das in dieser Arbeit untersuchte Thema der Sprachmittlung über Dolmetscher nur einen der vielfältigen Kritikpunkte darstellt, die dem ICTR von verschiedenster Seite vorgeworfen werden, ist es nicht verwunderlich, dass das Vertrauen der ruandischen Bevölkerung in die Rechtsprechung des ICTR überaus gering ist. Sehr deutlich wurde auch, dass die erwähnten Schwierigkeiten und Missverständnisse aufgrund von Dolmetschproblemen einen Einfluss auf die Verfahren haben, sei es in Form einer falschen Einschätzung der Glaubwürdigkeit von Zeugen oder in Form von Berufungsanträgen, die sich auf Dolmetschfehler stützen, um nur zwei Beispiele zu nennen. Allerdings ist die Aussicht darauf, dass die bestehenden Mängel und Probleme zeitnah behoben werden, überaus gering, da der ursprüngliche Zeitplan des ICTR ein Auslaufen des Mandats bereits für Ende 2010 vorsah. Diese Frist wurde zwar verlängert, aber dennoch werden zu einem derart späten Zeitpunkt vermutlich keine Maßnahmen mehr zur Verbesserung der Arbeit des Sprachendienstes ergriffen werden.

Es soll jedoch nicht verschwiegen werden, dass auch Positives bezüglich der Sprachmittlung am ICTR festzustellen ist. Als gut ist zunächst einmal zu bewerten, dass hohe Maßstäbe an die Qualifikation der potenziellen Dolmetscher gelegt werden und diese ihre Fähigkeiten in einem Eingangstest nachweisen müssen. Einschränkend ist allerdings anzumerken, dass die Wahrscheinlichkeit, Kinyaruanda-Dolmetscher mit den geforderten Qualifikationen zu finden, sehr gering ist. Deshalb liegt der Schluss nahe, dass das ICTR seinen eigenen Anforderungen nicht immer gerecht werden kann. Hervorzuheben ist hingegen, dass viel für die Verbesserung der Qualifikation der Dolmetscher getan wird. Beispielsweise werden eine interne Ausbildung von Simultandolmetschern sowie diverse Seminare und Workshops organisiert, in denen den Dolmetschern die Besonderheiten des Gerichtsdolmetschens sowie geschichtliches und politisches Hintergrundwissen zu Ruanda vermittelt werden.

Anzuerkennen ist des Weiteren, dass das ICTR zu komplizierten sprachlichen und kulturellen Fragen Experten als Sachverständige anhört und diese Leistung nicht fälschlicherweise von den Dolmetschern erwartet. Erfreulich ist außerdem, dass die Richter des ICTR – zumindest in einigen Fällen – unter Beweis stellen, dass sie durchaus für die Bedeutung sprachlicher Nuancen sensibilisiert sind und im Zweifelsfall das Gespräch mit den Dolmetschern suchen. Die Dolmetscher versuchen ihrerseits nicht, eigene Fehler zu kaschieren, sondern weisen ganz im Sinne der Wahrheitsfindung das Gericht sofort auf Verständnisschwierigkeiten und Irrtümer hin, wie eine Vielzahl von Beispielen belegt. Auch die Auswirkungen kultureller Besonderheiten Ruandas auf das Verhalten der Zeugen werden dem Gericht in immer größerem Maße bewusst. Zumindest wird eine entsprechende Berücksichtigung dieser Auswirkungen bei der Urteilssprechung angestrebt, wenn auch die Umsetzung noch nicht optimal ist.

Mithilfe der Protokolle der Gerichtsverhandlungen ist eine Untersuchung zahlreicher Aspekte der Tätigkeit der ICTR-Dolmetscher möglich. Auf einige Fragen können sie jedoch keine Antworten geben, zum Beispiel wenn es um die Vermittlung nonverbaler Kommunikation oder die Berücksichtigung prosodischer Elemente geht. Da in den Protokollen der Dolmetschmodus ebenfalls nicht vermerkt ist, kann nicht festgestellt werden, unter Anwendung welcher der beiden Techniken qualitativ bessere Dolmetschleistungen erbracht werden.

Es gibt noch weitere ungeklärte Fragen. So gibt es zum Beispiel keine konkreten Informationen zu dem Einstellungstest für Bewerber auf Dolmetscher- und Übersetzerstellen am ICTR sowie zur Haftung der Dolmetscher im Falle schwerwiegender Fehler. Gleiches gilt für die Kriterien, nach denen die Dolmetscher für die Ermittlerteams in Ruanda ausgewählt werden.

Aufgrund der fehlenden Resonanz auf die durchgeführte Umfrage von Seiten der Kinyaruanda-Dolmetscher liegen keine Erkenntnisse darüber vor, aus welcher Motivation heraus sich diese für eine Anstellung am ICTR entscheiden. Von den während des Jugoslawien-Konflikts tätigen Dolmetschern ist zum Beispiel bekannt, dass sie ihre Arbeit aus Patriotismus und aus dem Wunsch heraus zu helfen ausübten (Stahuljak 1999:36; Stahuljak 2000:43). Ob die Gründe der ruandischen Dolmetscher am ICTR in eine ähnliche Richtung gehen, kann ohne direkte Befragung nur gemutmaßt werden. Wissenswert wäre auch, inwieweit die Dolmetscher des ICTR Bedrohungen ausgesetzt sind. Abgesehen von dem Beispiel des Dolmetschers Dusabe sind hierzu keine weiteren Informationen zu finden. Eine andere Frage ist, ob und inwiefern das Geschlecht des Dolmetschers Einfluss auf den Umgang mit den Belastungen des Arbeitsalltags, insbesondere beim Dolmetschen für Vergewaltigungsopfer, hat.

Sehr sinnvoll wäre es außerdem, eine umfassende Untersuchung der Qualität der Verdolmetschung in und aus Kinyaruanda durchzuführen. Voraussetzung dafür wäre neben den entsprechenden Sprachkenntnissen jedoch auch der Zugang zu den Bandaufnahmen der in Kinyaruanda gemachten Aussagen, zu denen es keine schriftlichen Protokolle gibt. Der

Inhalt der Aufnahmen müsste dann mit den englischen und französischen Protokollen abgeglichen werden.
Ob der Vorwurf der Verteidigung dahingehend, dass die mehrheitlich den Tutsi angehörenden Dolmetscher absichtlich zu Ungunsten der Angeklagten dolmetschen, berechtigt ist oder ob es sich hierbei nur um eine böswillige Unterstellung handelt, ist ohne weitergehende Nachforschungen nicht feststellbar. Ebenso verhält es sich mit dem Vorwurf, das Gericht würde im Falle von Unstimmigkeiten in den Verdolmetschungen systematisch zugunsten der Anklage entscheiden.
Auch die besonderen Bedingungen und Schwierigkeiten beim Dolmetschen über Videoschaltung, wie es am ICTR aus Gründen des Zeugenschutzes zum Einsatz kommt, könnten Gegenstand einer eigenständigen Untersuchung sein.
Aufgrund der Schwierigkeiten bei der Kontaktaufnahme mit den Dolmetschern und anderen Mitarbeitern des Gerichts wäre es für eine weitere Beschäftigung mit diesem Thema empfehlenswert, direkt vor Ort am ICTR das Gespräch mit den Dolmetschern und Übersetzern zu suchen.
Abschließend ist festzuhalten, dass – neben einigen guten Ansätzen – eine große Zahl an ernsthaften Mängeln und schwerwiegenden Problemen hinsichtlich des Dolmetschens am ICTR identifiziert werden konnte, die zum Teil erhebliche Zweifel an dessen Arbeitsweise aufkommen lassen. Zu berücksichtigen ist allerdings, dass keine endgültige Bewertung abgegeben werden kann, da eine Vielzahl noch ungeklärter Fragestellungen einer weitergehenden Untersuchung bedürfen, für deren sinnvolle Realisierung die Kooperationsbereitschaft der für das Tribunal Verantwortlichen eine wichtige Voraussetzung wäre. Ich würde mir wünschen, dass die vorliegende Arbeit einen Beitrag zur Sensibilisierung für die Problematik des Dolmetschens am ICTR und damit zu Gerechtigkeit und Fairness von Gerichtsverfahren leistet.

Anhang

Anhang 1: Déclaration de l'interprète

UNITED NATIONS NATIONS UNIES

INTERNATIONAL CRIMINAL TRIBUNAL FOR RWANDA
TRIBUNAL PÉNAL INTERNATIONAL POUR LE RWANDA

Arusha International Conference Centre
P. O. Box 6016, Arusha, Tanzania
Tel: 255 57 4372 • 255 57 3181 Ext. 2483
Fax: 255 57 4373 • 255 57 4000

Je soussigné, déclare solennellement par la présente m'engager à accomplir mes fonctions d'interprète / de traducteur auprès du Tribunal pénal international pour le Rwanda avec dévouement, indépendance et impartialité et dans le plein respect du devoir de confidentialité, conformément à l'Article 76 du Règlement de procédure et de preuve.

Fait le 31/10/96 à Arusha,

NDONGO-KELLER Justine
(nom complet)

(signature)

I the undersigned hereby solemnly declare to perform faithfully, independently, impartially and with full respect for the duty of confidentiality my duties as an interpreter / a translator for the International Criminal Tribunal for Rwanda, pursuant to Rule 76 of the Rules of Procedure and Evidence.

Done on the 31/10/96 in Arusha,

NDONGO-KELLER Justine
(full name)

(signature)

ICTR
RECEIVED
31 OCT 1996
ACTION:
COPY :

(Quelle: PJRD 13 1996:1)

Anhang 2: Fragen an den Leiter des Sprachendienstes des ICTR

Questions to the Chief of the Language Services Section of the ICTR

- How many interpreters are employed at the ICTR?
  Arusha: Kigali: The Hague:
- How many interpreters have one of the following language combinations? Kinyarwanda-French: Kinyarwanda-English:
- Which qualifications does the ICTR require from its interpreters?
- What parts does the official ICTR competitive examination for interpreters consist of?
- Approximately how many freelance interpreters are employed at the ICTR?
- What are the experiences of the ICTR with these interpreters so far?
- Does the ICTR offer further training schemes for interpreters?
- Does the ICTR cooperate with interpreting schools or universities?
- Interpreting modes: simultaneous: yes O no O consecutive: yes O no O whispering: yes O no O
- Working hours: from until breaks:
- Number of interpreters per booth: 1 O 2 O 3 O interpreters
- Interpreting into native language: yes O no O
- Interpreting into foreign language: yes O no O
- Preparatory material: yes O no O Available as from?
- According to which criteria are/were the interpreters for the investigation teams in Rwanda recruited?
- What are the experiences of the ICTR with these interpreters so far?
- Is interpretation provided from Kinyarwanda into both working languages of the tribunal and vice versa during all court sessions (in which it is needed) nowadays? yes O no O
- Do cultural differences between the persons involved in a court proceeding affect communication? Can you cite examples?
- When choosing an interpreter, do you take into account his/her cultural background? If yes, to what extent?
- Were there cases in which witnesses or one of the parties distrusted an interpreter because of his/her cultural background? yes O no O
- Have interpreters been threatened in the past because of their work for the ICTR? yes O no O
- Were there cases in the past in which an interpreter compromised his/her neutral stance? yes O no O

- In your opinion, what are the biggest challenges for interpreters at the ICTR?

Anhang 3: Umfrage unter den Dolmetschern des ICTR

Questions to the interpreters of the ICTR

- Sex: m O f O Language combination:
- National/cultural background:
- Education/work experiences:
- Working hours: from until Breaks:
- Preparatory material: yes O no O Available as from?
- Other responsibilities in addition to interpreting:
- Do you have the impression that your work is appreciated?
  yes O no O
- Do you perceive your work as a psychological strain? If yes, please specify why. Do you receive any support from the ICTR?
- Have you ever interpreted the interrogation of a rape victim? If yes, had you received special training before? Did you encounter particular problems?
- Do you have the impression that the interpreter is sometimes used as the "scapegoat" whenever there are communication problems?
  yes O no O
- What do you perceive as particularly difficult about working for the ICTR? Do you have suggestions for improvement?
- What is your motivation for working at the ICTR? What do you particularly like about your work?
- Can you cite examples of communication problems during court sessions due to cultural differences?
- Which special problems do you encounter when interpreting from or into Kinyarwanda? How do you resolve these problems?
- Can you as an interpreter be held liable for your mistakes? If yes, how?
- Have you ever been distrusted by a witness or one of the parties because of your cultural background? yes O no O
- Have you ever been threatened because you work for the ICTR?
  yes O no O
- How do your family and friends feel about the fact that you work for the ICTR?

Literaturverzeichnis

Selbständig erschienene Literatur

Abdulai, Napoleon (Hrsg.) (1994): *Genocide in Rwanda: background & current situation.* London: Africa Research and Information Centre.

Arnold, Pascal (1999): *Der UNO-Sicherheitsrat und die strafrechtliche Verfolgung von Individuen: Die ad hoc Tribunale zur Verfolgung von Kriegsverbrechen im ehemaligen Jugoslawien und in Ruanda sowie das Statut des Internationalen Strafgerichtshofs.* Basel: Helbig & Lichtenhahn.

Berk-Seligson, Susan (2002): *The Bilingual Courtroom. Court Interpreters in the Judicial Process. With a New Chapter.* Chicago/London: The University of Chicago Press.

de Jongh, Elena M. (1992): *An introduction to court interpreting. Theory & Practice.* Lanham, Maryland: University Press of America.

Edwards, Alicia Betsy (1995): *The practice of court interpreting.* Amsterdam/Philadelphia: John Benjamins.

Fujii, Lee Ann (2009): *Killing neighbors. Webs of violence in Rwanda.* Ithaca/London: Cornell University Press.

Gasarabwé, Édouard (1992): *Parlons kinyarwanda-kirundi. Langue et culture.* Paris: L'Harmattan.

Göhring, Heinz (2007): *Interkulturelle Kommunikation: Anregungen für Sprach- und Kulturmittler.* Tübingen: Stauffenburg-Verlag.

González, Roseann D./Mikkelson, Holly/Vásquez, Victoria F. (1991): *Fundamentals of Court Interpretation: Theory, Policy and Practice.* Durham, NC: Carolina Academic Press.

Grünfeld, Fred/Huijboom, Anke (2007): *The failure to prevent genocide in Rwanda: The Role of Bystanders.* Leiden: Nijhoff.

Guillot, Philippe/Minear, Larry (1996): *Soldiers to the rescue. Humanitarian Lessons from Rwanda.* Paris: Development Centre of the Organisation for Economic Co-Operation and Development.

Hale, Sandra Beatriz (2004): *The Discourse of Court Interpreting. Discourse practices of the law, the witness and the interpreter.* Amsterdam/Philadelphia: John Benjamins.

Heil, Karl (1997): *Alltag in Ruanda.* Bad Kreuznach: Pädagogisches Zentrum des Landes Rheinland-Pfalz.

Jacob, Irénée/Overdulve, Cornelis Marinus (1998): *Twige ikinyarwanda. Manuel d'apprentissage de la langue rwandaise.* Kigali: Pallotti-Presse.

Jones, Bruce D. (2001): *Peacemaking in Rwanda. The dynamics of failure.* Boulder: Lynne Rienner Publishers.

Kadric, Mira (2001): *Dolmetschen bei Gericht. Erwartungen, Anforderungen, Kompetenzen.* Wien: WUV.

Katan, David (2004): *Translating Cultures. An Introduction for Translators, Interpreters and Mediators.* Manchester, UK & Northampton MA: St. Jerome Publishing.

Khan, Shaharyar M. (2000): *The Shallow Graves of Rwanda.* London/New York: I.B. Tauris.

Lankisch, Birgit (2004): *Der Dolmetscher in der Hauptverhandlung.* Berlin: Duncker & Humblot.

Lemarchand, René (2009): *The dynamics of violence in Central Africa.* Philadelphia: University of Pennsylvania Press.

Mason, Marianne (2008): *Courtroom Interpreting.* Lanham, Maryland: University Press of America.

Mikkelson, Holly (2000): *Introduction to Court Interpreting.* Manchester, UK: St. Jerome.

Pöllabauer, Sonja (2005): *"I don't understand your English, Miss." Dolmetschen bei Asylanhörungen.* Tübingen: Gunter Narr.

Roggemann, Herwig (1998): *Die Internationalen Strafgerichtshöfe: Einführung, Rechtsgrundlagen, Dokumente.* Berlin: Berling Verlag Arno Spitz.

Stroh, Dagmar Patricia (2002): *Die nationale Zusammenarbeit mit den internationalen Straftribunalen für das ehemalige Jugoslawien und für Ruanda.* Berlin: Springer.

Unselbständig erschienene Literatur

Bouchet-Saulnier, Françoise (1995): „L'ONU et le génocide des rwandais tutsis: politique virtuelle et intelligence artificielle à l'épreuve du monde réel", in: *Les temps modernes.* Nr. 583. Paris: TM, 272-302.

Bradol, Jean-Hervé (1995): „Rwanda, avril-mai 1994, limites et ambiguïtés de l'action humanitaire. Crises politiques, massacres et exodes massifs", in: *Les temps modernes.* Nr. 583. Paris: TM, 126-148.

Dragovic-Drouet, Mila (2007): „The Practice of Translation and Interpreting During the Conflicts in the Former Yugoslavia (1991-1999)", in: Salama-Carr, Myriam : *Translating and Interpreting Conflict.* Amsterdam/New York: Rodopi, 29-40.

Gillet, Eric (1995): „Le génocide devant la justice", in: *Les temps modernes.* Nr. 583. Paris: TM, 228-271.

Heeger, Carsten (1998a): „Politische und gesellschaftliche Entwicklung bis zum Ende des 19. Jahrhunderts", in: Harding, Leonhard: *Ruanda – der Weg zum Völkermord: Vorgeschichte, Verlauf, Deutung*, Hamburg: Lit Verlag, 13-20.

Heeger, Carsten (1998b): „Die Erfindung der Ethnien in der Kolonialzeit: ‚Am Anfang stand das Wort'", in: Harding, Leonhard: *Ruanda – der Weg zum Völkermord: Vorgeschichte, Verlauf, Deutung*, Hamburg: Lit Verlag, 21-27.

Middleton, John (Hrsg.) (2002): „Rwanda", in: Day, Karen: *Africa. An Encyclopedia for Students. Volume 3.* New York: Charles Scribener's Sons, 216-221.

Möhlig, Wilhelm J. G. (1983): „Kinyarwanda", in: Jungraithmayr, Herrmann/Möhlig, Wilhelm J.G. (Hrsg.): *Lexikon der Afrikanistik – afrikanische Sprachen und ihre Erforschung.* Berlin: Dietrich Reimer Verlag.

Morris, Ruth (2008): „Taking Liberties? Duplicity or the Dynamics of Court Interpreting", in: Hale, Sandra/Russell, Debra (Hrsg.): *Interpreting in Legal Settings*. Washington, D.C.: Gallaudet University Press, 1-25.

Ristow, Stefanie/Wendler, Kay Helge (1998): „Der Völkermord: Die Rollen Frankreichs und der Organisation für Afrikanische Einheit", in: Harding, Leonhard: *Ruanda – der Weg zum Völkermord: Vorgeschichte, Verlauf, Deutung,* Hamburg: Lit Verlag, 171-182.

Thomas, Roy (2003): „Follow-on Protection for Interpreters in Areas of Conflict", in: *The Critical Link 3. Interpreters in the Community. Selected papers from the Third International Conference on Interpreting in Legal, Health and Social Service Settings, Montréal, Québec, Canada 22-26 May 2001*. Amsterdam/Philadelphia: John Benjamins, 307-309.

Vidal, Claudine (1995): „Les politiques de la haine", in: *Les temps modernes*. Nr. 583. Paris: TM, 6-33.

Zwahr, Anette et al. (2006): „Ruanda", in: *DER BROCKHAUS IN DREI BÄNDEN, Vierte, aktualisierte Auflage, Band 3: PAI-Z,* Leipzig: F.A. Brockhaus GmbH, 220-222.

Internetquellen

Aberle, Marion (2001): „Im Neonlicht des Gerichtssaals verblasst die blutige Vergangenheit. Das Kriegsverbrechertribunal in Arusha", in: *Frankfurter Allgemeine Zeitung,* 21.11.2001, Nr. 271, S. 8, http://fazarchiv.faz.net/FAZ.ein [online, 17.08.2010]

AIIC, Code of Professional Ethics, http://www.aiic.net/ViewPage.cfm/article24.htm [online, 29.08.2010]

AIIC, Staff Interpreters with INTERNATIONAL CRIMINAL TRIBUNAL FOR RWANDA, http://www.aiic.net/database/staff/members.cfm?org=675 [online, 01.06.2010]

Almqvist, Jessica (2006): „The Impact of Cultural Diversity on International Criminal Proceedings“, in: *Journal of International Criminal Justice*, 2006, 4 (4), 745-764, Oxford University Press, Oxford Journals, http://jicj.oxfordjournals.org/cgi/content/full/4/4/745?maxtoshow=&HITS=10&hits=10&RESULTFORMAT=1&author1=jessica+almqvist&title=cultural+diversity&andorexacttitle=and&andorexacttitleabs=and&andorexactfulltext=and&searchid=1&FIRSTINDEX=0&sortspec=relevance&resourcetype=HWCIT [online, 21.08.2010]

Amstutz, Mark R. (2006): „Is Reconciliation Possible after Genocide? The Case of Rwanda“, in: *Journal of Church and State*, 2006, 48 (3), 541-565, Oxford University Press, Oxford Journals, http://jcs.oxfordjournals.org/cgi/reprint/48/3/541?maxtoshow=&HITS=10&hits=10&RESULTFORMAT=1&author1=amstutz&title=rwanda&andorexacttitle=and&andorexacttitleabs=and&andorexactfulltext=and&searchid=1&FIRSTINDEX=0&sortspec=relevance&resourcetype=HWCIT [online, 26.08.2010]

Braeckman, Colette (2009): „Génocide rwandais: le rapport tronqué“, *Le Soir,* 06.04.2009, http://archives.lesoir.be/genocide-rwandais-le-rapport-tronque-rwanda-avril_t-20090406-00MGFT.html?queryand=singaye&firstHit=0&by=10&when=-1&sort=datedesc&pos=1&all=2&nav=1 [online, 27.08.2010]

Brockhaus Enzyklopädie online, 2005, Leipzig/Mannheim: Bibliographisches Institut & F. A. Brockhaus AG, http://www.brockhaus-enzyklopaedie.de

Brockhaus 1: „Kriegsverbrechertribunal“ [online, 23.08.2010]
Brockhaus 2: „Civil Law“ [online, 27.08.2010]
Brockhaus 3: „Common Law“ [online, 27.08.2010]
Brockhaus 4: „Kreuzverhör“ [online, 01.09.2010]
Brockhaus 5: „Kinyaruanda“ [online, 01.09.2010]
Brockhaus 6: „Ruanda“ [online, 01.10.2010]
Brockhaus 7: „Hima“ [online, 05.10.2010]
Brockhaus 8: Atlas-Funktion: Karte von Ruanda [online, 20.10.2010]

Bundesversammlung: Affären Schweiz-Ruanda, 20.09.1994, http://www.parlament.ch/D/Suche/Seiten/geschaefte.aspx?gesch_id=19943340 [online, 16.08.2010]

Byrne, Rosemary (2007): „Assessing Testimonial Evidence in Asylum Proceedings: Guiding Standards from the International Criminal Tribunals“, in: *International Journal of Refugee Law,* 2007, 19 (4), 609-638, Oxford University Press, Oxford Journals, http://ijrl.oxfordjournals.org/cgi/content/full/19/4/609?maxtoshow=&HITS=10&hits=10&RESULTFORMAT=1&author1=rosemary+byrne&andorexacttitle=and&andorexacttitleabs=and&andorexactfulltext=and&searchid=1&FIRSTINDEX=0&sortspec=relevance&resourcetype=HWCIT [online, 22.08.2010]

Combs, Nancy A. (2002): „Copping a Plea to Genocide: The Plea Bargaining of International Crimes“, in: *University of Pennsylvania Law Review*, 2002, 151 (1), 1-157, JSTOR, http://www.jstor.org/stable/3313008 [online, 31.08.2010]

Corey, Allison/Joireman, Sandra F. (2004): „Retributive Justice: The *Gacaca* Courts in Rwanda“, in: *African Affairs*, 2004, 103, 73-89, Oxford University Press, Oxford Journals, http://afraf.oxfordjournals.org/cgi/reprint/103/410/73?maxtoshow=&hits=10&RESULTFORMAT=&fulltext=hutu+tutsi+twa&searchid=1&FIRSTINDEX=0&resourcetype=HWCIT [online, 13.08.2010]

Crossette, Barbara (2004): „The Cost of U.N. Whistleblowing“, U.N. Wire, 09.02.2004, http://www.theatlantic.com/past/docs/foreign/unwire/crossette2004-02-09.htm [online, 22.08.2010]

Cryer, Robert (2006): „A Long Way from Home: Witnesses before International Criminal Tribunals“, in: *International Commentary on Evidence. Fairness and Evidence in War Crimes Trials.* 2006, 4 (1), http://www.bepress.com/ice/vol4/iss1/art8 [online, 17.08.2010]

de Benito, Raphaël (2010): „France/Rwanda: Survie citée à comparaître pour « injures publiques »!“, *Billets d'Afrique et d'ailleurs,* N°187, 02.01.2010, Survie France, http://survie.org/IMG/pdf_BDAF187_Janvier2010-2.pdf [online, 23.08.2010]

des Forges, Alison (1999): *Leave none to tell the story: Genocide in Rwanda*, Human Rights Watch, http://www.hrw.org/legacy/reports/1999/rwanda/index.htm [online, 25.08.2010]

Edwards, Steven (2004): „Honesty doesn't pay at UN, staff say in survey", *National Post,* 16.06.2004, http://www.isranet.org/isranetbriefings/Permanent2004/Permanent_june_2004.htm#894 [online, 30.08.2010]

Erlinder, Peter (2008): *Le Tribunal Pénal International pour le Rwanda*, African Survivors International, http://survivorsnetworks.blogspot.com/2008/07/le-tribunal-pnal-international-pour-le.html [online, 07.09.2010]

Foto ICTR: Gerichtssaal des ICTR, http://www.trial-ch.org/fr/ressources/tribunaux/tribunaux-penaux-internationaux/tribunal-penal-international-pour-le-rwanda/documents-et-liens.html [online, 27.08.2010]

Friedli, Richard (1996): *Rwanda – auf der Suche nach versoehnten Gemeinschaften*, Universität Freiburg/Schweiz, http://www.unifr.ch/spc/UF/96juin/friedli.html [online, 21.8.2010]

Gazurek, Eva/Saris, Anne (2002): *The Protection of Women as Witnesses and the ICTR*, Coalition on Women's Human Rights in Conflict Situations, http://www.womensrightscoalition.org/site/advocacyDossiers/rwanda/witnessProtection/protectionofwitnesses_en.php [online, 24.08.2010]

Golooba-Mutebi, Frederick (2008): *Collapse, War and Reconstruction in Rwanda. An Analytical Narrative on State-Making.* London: Crisis States Research Centre, Development Studies Institute (DESTIN), http://www.crisisstates.com/download/wp/wpSeries2/wp28.2.pdf [online, 26.08.2010]

Grill, Bartholomäus (2002): „Die Stille von Ntarama", in: *Die Zeit,* http://www.zeit.de/2002/01/200201_voelkermord_xml [online, 19.08.2010]

Hartmann, Stéphanie (2009): *Les Dessous de la Justice internationale*, Continental Magazine Panafrican, http://www.continentalmag.com/site/index.php?option=com_content&task=view&id=1090&Itemid=128 [online, 12.08.2010]

Heller, Kevin Jon (2006): *Translation Issues at the ICTR.* http://lawofnations.blogspot.com/2006/02/translation-issues-at-ictr.html [online, 17.08.2010]

***Hirondelle News Agency Arusha*, http://www.hirondellenews.org**

Hirondelle 1: „Defence wants documents from arrested translator", 22.11.2001, http://www.hirondellenews.com/content/view/7328/26/ [online, 11.08.2010]

Hirondelle 2: „ICTR/Bikindi – Bikindi's songs call for peace and democracy, his attorney claims", 20.02.2007, http://www.hirondellenews.com/content/view/4285/310/ [online, 14.08.2010]

Hirondelle 3: „ICTR/Bikindi – The expert recognized to have partly understood wrongly Bikindi's message", 14.02.2007, http://www.hirondellenews.com/content/view/9286/26/ [online, 21.08.2010]

Hirondelle 4: „ICTR/Butare – Rwandan linguist concludes his testimony", 02.04.2005, http://www.hirondellenews.com/content/view/2264/26/ [online, 11.08.2010]

Hirondelle 5: „UN tribunal worker arrested over fake identity", 21.11.2001, http://www.hirondellenews.com/content/view/7332/273/ [online, 26.08.2010]

Hirondelle 6: „ICTR/Military I – 'Hutu extremists' are those who disagree with the regime, says expert", 08.06.2006, http://www.hirondellenews.com/content/view/3792/26/ [online, 18.08.2010]

Hirondelle 7: „ICTR/Military II, Witness completes testimony, defence challenge interpreters", 02.03.2005, http://www.hirondellenews.com/content/view/2076/26/ [online, 20.08.2010]

Hirondelle 8: „ICTR/Militia –'Interahamwe': experts give different interpretations", 11.07.2005, http://www.hirondellenews.com/content/view/2708/26/ [online, 10.08.2010]

Hirondelle 9: „ICTR/Rwanda/Tanzania – Clean up defence recruitment, Rwanda tells UN Tribunal", 03.12.2001, http://www.hirondelle.org/hirondelle.nsf/0/48946dbe58a37270c12568010 0703134?OpenDocument [online, 29.08.2010]

Hirondelle 10: „ICTR/Translation – Kinyarwanda Translation causes big headache to tribunal", 30.01.2006, http://www.hirondellenews.com/content/view/3241/310/ [online, 01.09.2010]

Hirondelle 11: „The Media Environment", http://www.hirondellenews.com/content/view/9236/1149/ [online, 23.08.2010]

Hirondelle 12: „ICTR/Weekly Summary – The ICTR sits quiet while Simon Bikindi sings", 17.02.2007, http://www.hirondellenews.com/content/view/4278/26/ [online, 16.08.2010]

Hirondelle 13: „Indictment amendment request: defence slams Rwanda tribunals inefficiencies", 19.10.1999, http://www.hirondellenews.com/content/view/6421/310/ [online, 13.08.2010]

Hirondelle 14: „Prosecution Witness still crossexamined", 10.03.2003, http://www.hirondellenews.com/index2.php?option=com_content&task [online, 27.08.2010]

Hirondelle 15: „Prosecutor urges contempt investigation, but retracts allegation against investigator", 25.06.2001, http://www.hirondellenews.com/content/view/6924/26/ [online, 11.08.2010]

Hirondelle 16: „Swiss/Edition – Swiss ministry reminds Carla del Ponte of her obligations as diplomat OV", 09.04.2008, http://www.hirondellenews.com/content/view/5840/26/ [online, 27.08.2010]

Hitchcott, Nicki (2009): „A Global African Commemoration – Rwanda: écrire par devoir de mémoire", in: *Forum Modern Language Studies,* 2009, 45 (2) , 151-161, Oxford University Press, Oxford Journals, http://fmls.oxfordjournals.org/cgi/reprint/45/2/151?maxtoshow=&hits=10&RESULTFORMAT=1&andorexacttitle=and&andorexacttitleabs=and&fulltext=rwanda&andorexactfulltext=and&searchid=1&FIRSTINDEX=0&sortspec=relevance&resourcetype=HWCIT [online, 15.08.2010]

ICTR: *International Criminal Tribunal for Rwanda*, http://www.unictr.org

ICTR 1: JUVÉNAL KAJELIJELI Case No. ICTR-98-44A-A APPEAL JUDGEMENT, 2005, http://www.ictrcaselaw.org/docs/doc64871.pdf [online, 15.08.2010]

ICTR 2: ELIZAPHAN and GÉRARD NTAKIRUTIMANA Cases No. ICTR-96-10 & ICTR-96-17-T JUDGEMENT AND SENTENCE, 2003, http://www.ictrcaselaw.org/docs/doc36401.PDF [online, 13.08.2010]

ICTR 3: Briefing Notes on the ICTR Challenges and Achievements, 2003, http://www.unictr.org/tabid/155/Default.aspx?id=9 [online, 12.08.2010]

ICTR 4: Completion Strategy, 2006, http://www.unictr.org/Portals/0/English/FactSheets/Completion_St/s-2006-358e.pdf [online, 29.08.2010]

ICTR 5: Dieng, Adama (2002): The International Criminal Court: Lessons From the International Criminal Tribunal for Rwanda – Potential Problems for the Registrar, http://www.unictr.org/tabid/155/Default.aspx?id=1092 [online, 23.08.2010]

ICTR 6: Eighth Annual Report, 2003, http://www.ictrcaselaw.org/docs/N0342842.pdf [online, 25.08.2010]

ICTR 7: Eleventh Annual Report, 2006, http://www.ictrcaselaw.org/docs/N0647116.pdf [online, 11.08.2010]

ICTR 8: Fact Sheet No 1, http://69.94.11.53/ENGLISH/factsheets/1.htm [online, 06.08.2010]

ICTR 9: ICTR-99-52-A Ferdinand Nahimana, Jean-Bosco Barayagwiza, Hassan Ngeze (Appeal Judgment), 2007, http://www.unictr.org/Portals/0/Case%5CEnglish%5CNahimana%5Cdecisions%5C071128_judgement.pdf [online, 29.08.2010]

ICTR 10: Fourth Annual Report, 1999, http://www.ictrcaselaw.org/docs/N9925571.pdf [online, 12.08.2010]

ICTR 11: International Symposium July 2009: Tribunal Pénal pour le Rwanda: Modèle ou contre-modèle pour la justice internationale? Le point de vue des acteurs, session 3: Le procès: l'établissement de la preuve, http://www.unictr.org/Portals/0/English/News/events/july2009/SESSION3.pdf [online, 05.08.2010]

ICTR 12: International Symposium July 2009: Tribunal Pénal pour le Rwanda: Modèle ou contre-modèle pour la justice internationale? Le point de vue des acteurs, session 4: Le jugement et la peine, http://www.unictr.org/Portals/0/English/News/events/july2009/SESSION4.pdf [online, 19.08.2010]

ICTR 13: Minutes of Proceedings, Juvénal Kajelijeli, Trial Day 11, 23.07.2001, http://www.ictr.org/ENGLISH/cases/Kajelijeli/minutes/2001/july/230701.pdf [online, 17.08.2010]

ICTR 14: Newsletter April 2005, http://www.unictr.org/Portals/0/English/News/Newsletter/april05.pdf [online, 27.08.2010]

ICTR 15: Ninth Annual Report, 2004, http://www.ictrcaselaw.org/docs/N0444186.pdf [online, 16.08.2010]

ICTR 16: Rules of Procedure and Evidence, http://www.unictr.org/Portals/0/English/Legal/Evidance/English/080314.pdf [online, 13.08.2010]

ICTR 17: Second Annual Report, 1997, http://www.ictrcaselaw.org/docs/N9731665.pdf [online, 09.08.2010]

ICTR 18: Seventh Annual Report, 2002, http://www.ictrcaselaw.org/docs/N0248903.pdf [online, 08.08.2010]

ICTR 19: Sixth Annual Report, 2001, http://www.ictrcaselaw.org/docs/N0153621.pdf [online, 13.08.2010]

ICTR 20: Speech by Adama Dieng, Februar 2005, http://www.unictr.org/tabid/155/Default.aspx?id=1072 [online, 26.08.2010]

ICTR 21: Statement by the President of the ICTR Navanethem Pillay, 28.10.2002, http://69.94.11.53/ENGLISH/speeches/pillay281002ga.htm [online, 28.08.2010]

ICTR 22: Statement by the President of the ICTR Eric Møse, June 2006, http://69.94.11.53/ENGLISH/speeches/mose070606.htm [online, 14.08.2010]

ICTR 23: The Chambers, http://www.unictr.org/tabid/103/Default.aspx [online, 14.08.2010]

ICTR 24: The investigation and presentation of evidence relating to sexual violence, Roundtable on Cooperation between the International Criminal Tribunals and National Prosecuting Authorities, 2008, http://69.94.11.53/ENGLISH/international_cooperation/papers_presented/sexual-violence.pdf [online, 16.08.2010]

ICTR 25: Third Annual Report, 1998, http://www.ictrcaselaw.org/docs/N9828044.pdf [online, 19.08.2010]

ICTR 26: About ICTR, General Information, http://www.unictr.org/AboutICTR/GeneralInformation/tabid/101/Default.aspx [online, 30.08.2010]

ICTR 27: Office of the Prosecution, http://www.unictr.org/tabid/104/default.aspx [online, 16.08.2010]

ICTR 28: Completion Strategy, 2010, http://www.unictr.org/Portals/0/English%5CFactSheets%5CCompletion_St%5CS-2010-259e.pdf [online, 16.08.2010]

ICTR 29: Tenth Annual Report, 2005, http://www.ictrcaselaw.org/docs/N0546131.pdf [online, 14.08.2010]

ICTR 30: Accused at large, 2010, http://www.unictr.org/Cases/tabid/77/default.aspx?id=12&mnid=12 [online, 19.08.2010]

ICTR 31: Rutaganda, Jugement et Sentence, 1999, http://www.ictrcaselaw.org/docs/doc5088.pdf [online, 07.09.2010]

ICTR 32: Press Briefing 17.02.2000, http://www.unictr.org/tabid/155/Default.aspx?id=640 [online, 10.09.2010]

ICTY: Code of Ethics for Interpreters and Translators Employed by the International Criminal Tribunal for the Former Yugoslavia, http://www.icty.org/x/file/Legal%20Library/Miscellaneous/it144_codeofethicsinterpreters_en.pdf [online, 19.08.2010]

ICTY: Rules of Procedure and Evidence, http://www.icty.org/x/file/Legal%20Library/Rules_procedure_evidence/IT032_rev44_en.pdf [online, 10.08.2010]

ICTY: Translation and Interpretation, http://www.icty.org/sid/165 [online, 23.08.2010]

Interpol: Wanted: Kabuga, Félicien, http://www.interpol.int/public/Data/Wanted/Notices/Data/2001/63/2001_4863.asp [online, 22.08.2010]

Jeune Afrique, „Fabien Singaye : « Je suis un homme transparent »“, 18.05.2009, http://www.jeuneafrique.com/Article/ARTJAJA2522p040-041.xml2/droit-de-reponse-fabien-singayefabien-singaye-je-suis-un-homme-transparent.html [online, 19.08.2010]

Kamardi, Christiane (2009): „Die Ausformung einer Prozessordnung *sui generis* durch das ICTY unter Berücksichtigung des Fair-Trial-Prinzips", in: *Beiträge zum ausländischen öffentlichen Recht und zum Völkerrecht*, 2009, 203, 9-46, SpringerLink, http://springerlink.metapress.com/content/p6401463w088k674/fulltext.pdf [online, 28.08.2010]

Karton, Joshua (2008): „Lost in translation: international criminal tribunals and the legal implications of interpreted testimony", in: *Vanderbilt Journal of transnational law*, http://www.thefreelibrary.com/_/print/PrintArticle.aspx?id=181897961 [online, 13.08.2010]

Magnarella, Paul J. (2005): „I. How could it happen? The Background and Causes of the Genocide in Rwanda", in: *Journal of International Criminal Justice*, 2005, 3 (4), 801-822, Oxford University Press, Oxford Journals, oxfordjournals.org/cgi/content/full/3/4/801?maxtoshow=&HITS=60&hits=60&RESULTFORMAT=&fulltext=kinyarwanda&searchid=1&FIRSTINDEX=0&resourcetype=HWCIT [online, 13.08.2010]

McNamee, Eugene (2007): „Writing the Rwandan Genocide: The Justice and Politics of Witnessing after the Event", in: *Law and Critique*, 2007. 18 (3), 309-330, SpringerLink, http://springerlink.metapress.com/content/57115gw82x855583/fulltext.pdf [online, 06.08.2010]

Møse, Erik (2005): „III. Appraising the Role of the ICTR. Main Achievements of the ICTR", in: *Journal of International Criminal Justice*, 2005, 3 (4), 920-943, Oxford University Press, Oxford Journals, http://jicj.oxfordjournals.org/content/3/4/920.full.pdf+html?maxtoshow=&hits=10&RESULTFORMAT=1&title=main+achievements&andorexacttitle=and&andorexacttitleabs=and&andorexactfulltext=and&searchid=1&FIRSTINDEX=0&sortspec=relevance&resourcetype=HWCIT [online, 13.08.2010]

Mukimbiri, Jean (2005): „The Seven Stages of the Rwandan Genocide", in: *Journal of International Justice*, 2005, 3 (4), 823-836, Oxford University Press, Oxford Journals, http://jicj.oxfordjournals.org/cgi/reprint/3/4/823?maxtoshow=&hits=10&R

ESULTFORMAT=&fulltext=hutu+tutsi+twa&searchid=1&FIRSTINDEX=0&resourcetype=HWCIT [online, 19.08.2010]

Mullins, Christopher W. (2009a): „'He Would Kill Me With His Penis': Genocidal Rape in Rwanda as a State Crime", in: *Critical Crimonology*, 2009, 17 (1), 15-33, SpringerLink, http://springerlink.metapress.com/content/67up6453766g1310/fulltext.html [online, 03.09.2010]

Mullins, Christopher W. (2009b): „'We are going to rape you and taste Tutsi women'. Rape during the 1994 Rwandan Genocide", in: *The British Journal of Crimonology*, 2009, 49 (6), 719-735, Oxford University Press, Oxford Journals, http://bjc.oxfordjournals.org/cgi/content/full/49/6/719?maxtoshow=&HITS=10&hits=10&RESULTFORMAT=&fulltext=mullins+rape&searchid=1&FIRSTINDEX=0&resourcetype=HWCIT [online, 03.09.2010]

Nowrojee, Binaifer (1996): *Shattered Lives. Sexual Violence during the Rwandan Genocide and its Aftermath*, Human Rights Watch, http://www.hrw.org/legacy/reports/1996/Rwanda.htm [online, 13.09.2010]

Nowrojee, Binaifer (2005): *"Your Justice is Too Slow": Will the ICTR Fail Rwanda's Rape Victims?*, United Nations Research Institute for Social Development, http://www.unrisd.org/80256B3C005BCCF9/%28httpAuxPages%29/56FE32D5C0F6DCE9C125710F0045D89F/$file/OP10%20Web.pdf [online, 06.09.2010]

O.V. (2007): „Kriegsverbrechen. Knappe Frist", in: *Der Spiegel online*, 2007, Nr. 26, 102, http://wissen.spiegel.de/wissen/image/show.html?did=52032628&aref=image036/2007/06/23/ROSP200702601020102.PDF&thumb=false [online, 23.10.2010]

Paul, Axel T. (2006): „Das Unmögliche richten – Schuld, Strafe und Moral in Ruanda", in: *Leviathan,* 2006, 34 (1), 30-60, SpringerLink, http://springerlink.metapress.com/content/068441784n3r17xm/fulltext.pdf [online, 03.08.2010]

Peskin, Victor (2005): „Courting Rwanda. The Promises and Pitfalls of the ICTR Outreach Programme“, in: *Journal of International Criminal Justice*, 2005, 3 (4), 950-961, Oxford University Press, Oxford Journals, http://jicj.oxfordjournals.org/cgi/content/full/3/4/950?maxtoshow=&hits=10&RESULTFORMAT=1&author1=victor+peskin&andorexacttitle=and&andorexacttitleabs=and&andorexactfulltext=and&searchid=1&FIRSTINDEX=0&sortspec=relevance&resourcetype=HWCIT [online, 24.08.2010]

PJRD: ICTR Public Judicial Records Database http://trim.unictr.org/

PJRD 1: ICTR-98-42-0797 NYIRAMASUHUKO ET AL - DECISION ON THE PARTIES ORAL MOTIONS TO REVIEW THE TIMERFREMS AND LENGTH OF CLOSING BRIEF OF THE 2 JULY 2008 SCHEDULING ORDER [online, 12.08.2010]

PJRD 2: ICTR-96-4-0459 AKAYESU - JUDGEMENT , 1998, [online, 17.08.2010]

PJRD 3: TRA001983/1 [BUTARE] - NYIRAMASUHUKO ET AL - REDACTED TRANSCRIPT OF 10/03/2003 [online, 23.08.2010]

PJRD 4: TRA004647 RUTAGANDA - REDACTED TRANSCRIPT OF 08/02/1999 [online, 10.08.2010]

PJRD 5: TRA001906/1 [BUTARE] - NYIRAMASUHUKO ET AL - REDACTED TRANSCRIPT OF 11/03/2003 [online, 02.09.2010]

PJRD 6: TRA004181/1 BIKINDI - REDACTED TRANSCRIPT OF 14/02/2007 [online, 29.08.2010]

PJRD 7: TRA002437 AKAYESU - TRANSCRIPTION CAVIARDEE DU 10/02/1998 [online, 23.08.2010]

PJRD 8: TRA004497 AKAYESU - REDACTED TRANSCRIPT OF 10/02/1998 [online, 20.08.2010]

PJRD 9: ICTR-96-10-0497 E & G NTAKIRUTIMANA - DEFENCE CLOSING BRIEF, 2002, [online, 27.08.2010]

PJRD 10: ICTR-00-55A-0463/1 MUVUNYI - JUDGEMENT, 11.02.2009

[online, 20.08.2010]

PJRD 11: ICTR-96-13-0146 MUSEMA - JUGEMENT ET SENTENCE, 02.11.1998, [online, 20.08.2010]

PJRD 12: ICTR-96-4-0069 AKAYESU - TRANSCRIPT OF 31.10.1996 [online, 26.08.2010]

PJRD 13: ICTR-96-13-0044 MUSEMA - DECLARATIONS DE L' INTERPRETE / TRADUCTEUR - INTERPRETER / TRANSLATOR DECLARATIONS, 31.10.1996 [online, 19.08.2010]

PJRD 14: TRA002024 [BUTARE] - NYIRAMASUHUKO ET AL - TRANSCRIPTION CAVIARDEE DU 05/03/2003 [online, 20.08.2010]

PJRD 15: TRA003378/2 BIZIMUNGU ET AL - TRANSCRIPTION CAVIARDEE DU 23/06/2004 [online, 02.09.2010]

PJRD 16: TRA000490/2 KAYISHEMA ET AL. - REDACTED TRANSCRIPT OF 02/11/1998 [online, 29.08.2010]

PJRD 17: TRA002712/2 [MILITARY II] - NDINDILIYIMANA ET AL - REDACTED TRANSCRIPT OF 24/02/2005 [online, 29.08.2010]

PJRD 18: TRA000498/2 KAYISHEMA ET AL. - REDACTED TRANSCRIPT OF 04/11/1998 [online, 29.08.2010]

PJRD 19: TRA004180/2 BIKINDI - REDACTED TRANSCRIPT OF 13/02/2007 [online, 29.08.2010]

PJRD 20: TRA003098/2 [MILITARY I] - BAGOSORA ET AL - REDACTED TRANSCRIPT OF 12/07/2004 [online, 05.09.2010]

PJRD 21: TRA004524 AKAYESU - TRANSCRIPTION CAVIARDEE DU 17/06/1997 [online, 03.09.2010]

PJRD 22: TRA003680/1 BIZIMUNGU ET AL - REDACTED TRANSCRIPT OF 17/05/2005 [online, 06.09.2010]

PJRD 23: TRA003681/2 BIZIMUNGU ET AL - REDACTED TRANSCRIPT OF 18/05/2005 [online, 31.08.2010]

PJRD 24: TRA003769/1 SEROMBA - TRANSCRIPTION CAVIARDEE DU 06/04/2006 [online, 31.08.2010]

PJRD 25: TRA003768/2 SEROMBA - REDACTED TRANSCRIPT OF 05/04/2006 [online, 05.09.2010]

PJRD 26: TRA002713/1 [MILITARY II] - NDINDILIYIMANA ET AL - REDACTED TRANSCRIPT OF 28/02/2005 [online, 26.08.2010]

PJRD 27: TRA003720/1 BIZIMUNGU ET AL - TRANSCRIPTION CAVIARDEE DU 12/12/2005 [online, 20.09.2010]

PJRD 28: ICTR-98-41-2233 [MILITARY I] - BAGOSORA ET AL - MAJOR ALOYS NTABAKUZE FINAL TRIAL BRIEF, 2006 [online, 01.09.2010]

PJRD 29: ICTR-97-36A-0025 MUNYAKAZI - MOTION BY ADAD (THE ORGANIZATION OF ICTR DEFENCE COUNSEL) FOR LEAVE TO APPEAR AND MAKE SUBMISSIONS AS AMICUS CURIAE IN OPPOSITION TO THE PROSECUTOR'S RULE 11BIS REQUEST TO REFER THE CASE OF YUSSUF MUNYAKAZI TO RWANDA, 26.11.2007, [online, 03.09.2010]

PJRD 30: ICTR-98-44A-0868/1 KAJELIJELI - DECISION TO VARY THE DECISION ON APPELLANT'S URGENT MOTION FOR TRANSLATION AND INTERPRETATION FOR THE APPEAL HEARING, 2005, [online, 05.09.2010]

PJRD 31: TRA003423/1 [BUTARE] - NYIRAMASUHUKO ET AL - REDACTED TRANSCRIPT OF 10/03/2005 [online, 18.08.2010]

PJRD 32: ICTR-96-14-0325/1 NIYITEGEKA - JUDGEMENT AND SENTENCE, 16.05.2003 [online, 06.09.2010]

PJRD 33: TRA004713/1 [MILITARY I] BAGOSORA ET AL - REDACTED TRANSCRIPT OF 07/06/2006 [online, 07.08.2010]

PJRD 34: TRA004214/1 [MILITARY I] - BAGOSORA AL - REDACTED TRANSCRIPT OF 06/06/2006 [online, 19.08.2010]

PJRD 35: ICTR-98-41-0961 [MILITARY I] - BAGOSORA ET AL - JUDGEMENT AND SENTENCE, 2008 [online, 24.08.2010]

PJRD 36: TRA000168/2 RUTAGANDA - REDACTED TRANSCRIPT OF 18/03/1999 [online, 12.09.2010]

PJRD 37: TRA000166/2 RUTAGANDA - REDACTED TRANSCRIPT OF 16/03/1999 [online, 13.09.2010]

PJRD 38:TRA001364/2 MUSEMA - REDACTED TRANSCRIPT OF 28/05/1999 [online, 07.09.2010]

PJRD 39: TRA002711/1 [MILITARY II] - NDINDILIYIMANA ET AL - REDACTED TRANSCRIPT OF 23/02/2005 [online, 07.09.2010]

PJRD 40: TRA002679/2 BIZIMUNGU ET AL - TRANSCRIPTION CAVIARDEE DU 11/03/2004 [online, 02.09.2010]

PJRD 41: TRA003731/2[KIBUYE] - NTAKIRUTIMANA ET AL - REDACTED TRANSCRIPT OF 07/07/2004 [online, 13.09.2010]

PJRD 42: TRA002716/2 [MILITARY II] - NDINDILIYIMANA ET AL - REDACTED TRANSCRIPT OF 07/03/2005 [online, 01.09.2010]

PJRD 43: TRA002715/1 [MILITARY II] - NDINDILIYIMANA ET AL - REDACTED TRANSCRIPT OF 03/03/2005 [online, 07.08.2010]

PJRD 44: TRA003427/1 [BUTARE] - NYIRAMASUHUKO ET AL - REDACTED TRANSCRIPT OF 17/03/2005 [online,18.09.2010]

PJRD 45: TRA003422/1 [BUTARE] - NYIRAMASUHUKO ET AL - REDACTED TRANSCRIPT OF 09/03/2005 [online, 16.09.2010]

PJRD 46: TRA002710/1 [MILITARY II] - NDINDILIYIMANA ET AL - REDACTED TRANSCRIPT OF 22/02/2005 [online, 15.09.2010]

Rwanda Country Review 2007, http://search.ebscohost.com/direct.asp?db=buh&jid=%22DXB%22&scope=site [online, 08.10.2010]

Schomburg, Wolfgang (2009): *Wahrheitsfindung im internationalen Gerichtssaal*. Deutsche Gesellschaft für die Vereinte Nationen e.V., http://www.dgvn.de/fileadmin/user_upload/PUBLIKATIONEN/Zeitschrift_VN/VN_2009/Schomburg_Wahrheitsfindung_im_internationalen_Gerichtssaal_VN_1-09.pdf [online, 05.08.2010]

SCSL: Code of Ethics for Interpreters and Translators employed by the Special Court for Sierra Leone, http://www.sc-sl.org/LinkClick.aspx?fileticket=1nVwtfjRDb8%3d&tabid=176 [online, 16.08.2010]

SCSL: Rules of Procedure and Evidence, http://www.sc-sl.org/LinkClick.aspx?fileticket=1YNrqhd4L5s%3d&tabid=70 [online, 16.08.2010]

Sirois, André (2000): *La traduction et l'interprétation devant les tribunaux pénaux internationaux*. http://www.tradulex.org/Actes2000/sirois.pdf [online, 27.08.2010]

Stahuljak, Zrinka (1999): „The violence of neutrality – translators in and of the war (Croatia, 1991-1992)“, in: *College Literature*,1999, 26 (1), Spezialausgabe *Cultural Violence*, 34-51, JSTOR, http://www.jstor.org/action/doBasicSearch?Query=stahuljak&wc=on&dc=All+Disciplines [online, 15.08.2010]

Stahuljak, Zrinka (2000): „Violent Distortions: Bearing Witness to the Task of Wartime Translators“, in: *TTR: traduction, terminologie, rédaction*, 2000, 13 (1), 37-51, http://www.erudit.org/revue/ttr/2000/v13/n1/037392ar.html?lang=en [online, 29.08.2010]

UNAT, Judgement No. 1135, Sirois, 30.09.2003, http://untreaty.un.org/UNAT/dtSearch/Search_Forms/dtSearch_EF.html (Suchbegriff: 1135) [online, 05.10.2010]

UNAT, Judgement No. 1190, Sirois, 30.09.2004, http://untreaty.un.org/unat/UNAT_Judgements/Judgements_E/UNAT_011 90_E.pdf [online, 09.09.2010]

UNHCR: Elizaphan Ntakirutimana v. Janet Reno, et al., United Nations High Commissioner for Refugees, 05.08.1999, http://www.unhcr.org/refworld/publisher,USA_CA_5,,,3ae6b6f68,0.html [online, 09.09.2010]

UNHCR: ICTR-96-3-A Georges Anderson Nderubumwe Rutaganda v. The Prosecutor (Appeal Judgement), 26.05.2003, United Nations High Commissioner for Refugees, http://www.unhcr.org/refworld/docid/415923304.html [online, 13.09.2010]

United Nations:

UN 1: UN vacancies ICTR, Translator, French, 2009, https://jobs.un.org/Galaxy/Release3/vacancy/Display_Vac.aspx?lang=120 0&VACID=a4525ba4-7e8e-4594-98ce-fa6a359ecadf [online, 16.08.2010]

UN 2: UN vacancies ICTR, Interpreter/Translator, French, 2009, https://jobs.un.org/Galaxy/Release3/vacancy/Display_Vac.aspx?lang=120 0&VACID=29dcd1eb-1a81-4c95-b31c-5b44edb18db8 [online, 24.08.2010]

UN 3: UN vacancies ICTR, Interpreter/Translator, Kinyarwanda, 2009, https://jobs.un.org/Galaxy/Release3/vacancy/Display_Vac.aspx?lang=120 0&VACID=78b878e0-45fb-4094-854e-8c8d0d485ece [online, 20.08.2010]

UN 4: UN vacancies ICTR, Interpreter/Translator, English, 2009, https://jobs.un.org/Galaxy/Release3/vacancy/Display_Vac.aspx?lang=120 0&VACID=01ed9436-fbcf-4c01-bc79-532d544c43b4 [online, 20.08.2010]

UN 5: UN vacancies ICTY, Interprète de conférence, 2007, www.diplomatie.gouv.fr/fr/IMG/doc/Interprete_de_conference.doc [online, 26.08.2010]

UN 6: Resolution 955, 1994 http://daccess-dds-ny.un.org/doc/UNDOC/GEN/N95/140/97/PDF/N9514097.pdf?OpenElement [online, 06.08.2010]

UN 7: UNAMIR, peacekeeping,
http://www.un.org/en/peacekeeping/missions/past/unamirFT.htm#OCTOBER [online, 12.08.2010]

UN 8: United Nations General Assembly, Financing of the ICTR, March 1996, http://www.ictrcaselaw.org/docs/N9605853.pdf [online, 12.08.2010]

UN 9: United Nations General Assembly, Financing of the ICTR, August 2003, A/58/269,
http://www.un.org/ga/acabq/reports.asp?type=search&desc [online, 12.08.2010]

VKD: Verband der Konferenzdolmetscher, Berufs- und Ehrenordnung, http://konferenzdolmetscher-bdue.de/sites/default/files/BEO-20090214.pdf [online, 20.08.2010]

Walsh, Connie (1997): *Witness Protection, Gender and the ICTR,* Coalition on Women's Human Rights in Conflict Situations,
http://www.womensrightscoalition.org/site/advocacyDossiers/rwanda/witnessProtection/report_en.php [online, 20.08.2010]

Zahar, Alexander (2005): „The ICTR's 'media' judgment and the reinvention of direct and public incitement to commit genocide", in: *Criminal Law Forum*, 2005, 16 (1), 33-48, SpringerLink,
http://springerlink.metapress.com/content/u30567x9835h0165/fulltext.pdf [online, 07.08.2010]

Zraly, Maggie (2008): *Bearing: Resilience among Genocide-Rape Survivors in Rwanda,* Case Western Reserve University,
http://etd.ohiolink.edu/send-pdf.cgi/Zraly%20Maggie.pdf?acc_num=case1189191843 [online, 17.08.2010]

Unveröffentlichte Quellen

Umfrage unter den Dolmetschern des ICTR, erste Antwort erhalten am 21.06.2010.

Umfrage unter den Dolmetschern des ICTR, zweite Antwort erhalten am 30.10.2010.

Weitere Titel der InterPartes-Reihe:

Interpretes Mundi – Deuter der Welt
(InterPartes 6)
Hg. von Dörte Andres/Martina Behr
2011, 296 Seiten, Paperback, Euro 44,90/CHF 78,00, ISBN 978-3-89975-248-9

Die verschiedenen Bereiche, in denen Dolmetscher zum Einsatz kommen, und die Bedingungen, unter denen sie ihre Tätigkeit ausüben, sind in den letzten Jahrzehnten immer vielfältiger und anspruchsvoller geworden. In elf Beiträgen wird dieser Entwicklung anhand verschiedener Fragestellungen nachgegangen:

die Wahrnehmungen und Rolle des Sprachmittlers in der Vergangenheit und heute, die Ansprüche an den Dolmetscher bei internationalen und nationalen Gerichten, die emotionale Belastung beim Dolmetschen in der Psychotherapie sowie in Kriegs- und Krisengebieten, der Einfluss neuer Sprachtechnologien und Software-Entwicklungen auf die Dolmetschtätigkeit, die Bedeutung von Expertise und Qualitätssicherung für die Professionalisierung dieses Berufes.

Spürst Du, wie der Bauch rauf-runter?
Fachdolmetschen im Gesundheitsbereich
Is everything all topsy turvy in your tummy? Health Care Interpreting
(InterPartes 5)
Hg. von Dörte Andres/Sonja Pöllabauer
2009, 195 Seiten, Paperback, Euro 29,90/CHF 53,50, ISBN 978-3-89975-166-6

Dieser im Rahmen des Projekts MedInt (Grundtvig) entstandene Sammelband befasst sich mit verschiedensten Aspekten des Fachdolmetschens im medizinischen Bereich, zeigt die Notwendigkeit einer Professionalisierung auf und ist somit ein Schritt in Richtung eines erhöhten Bewusstseins für die Ausbildung und den Einsatz von MedizindolmetscherInnen.

„[...] sehr lesenswertes Buch [...]. Und wenn die beiden Herausgeberinnen in ihrem Vorwort schreiben, auf die ‚unterschiedlichsten Facetten der gedolmetschten Kommunikation in medizinischen Settings' eingehen zu wollen, versprechen sie damit nicht zu viel.“ (MDÜ)

Ihr Wissenschaftsverlag. Kompetent und unabhängig.

Martin Meidenbauer ››
Verlagsbuchhandlung GmbH & Co. KG
Schwanthalerstr. 81 • 80336 München
Tel. (089) 20 23 86 -03 • Fax -04
info@m-verlag.net • www.m-verlag.net

Dolmetscher als literarische Figuren

Von Identitätsverlust, Dilettantismus und Verrat

(InterPartes 4)

Von Dörte Andres

2008, 536 Seiten, Paperback, Euro 68,00/CHF 118,00, ISBN 978-3-89975-117-8

In den letzten Jahrzehnten spielt die Figur des Dolmetschers in literarischen Werken vermehrt eine Hauptrolle. An ihr werden aktuelle Themen wie die Suche nach Identität, Fremd- und Anderssein, Migration und kulturelle Hybridität anschaulich dargestellt.

Ausgewählte Werke von zwölf Schriftstellern, unter denen sich so bekannte Autoren wie Ivo Andric, Ingeborg Bachmann oder Javier Marías finden, werden von der Autorin einer eingehenden Analyse unterzogen.

Den literarischen Darstellungen werden kultur-, sprach- und translationswissenschaftliche Erkenntnisse gegenübergestellt.

"Dolmetscher als literarische Figuren *is a volume impressive in its scope, focus and potential practical impact.*" (The Year's Work in Modern Languages Studies)

"Dörte Andres' well-researched and well-written description of how interpreters have been represented over time, from as far back as ancient Egypt down to the present, as well as an in-depth analysis of twelve modern works of fiction, places their role, position and character in an unenviable light. "(Interpreting)

Der Simultandolmetschprozess

Eine empirische Untersuchung

(InterPartes 3)

Von Marion Wörrlein

2007, 148 Seiten, Paperback, Euro 22,90/CHF 42,00, ISBN 978-3-89975-101-7

Simultandolmetschen ist ein komplexer kognitiver Vorgang, in dessen Verlauf zahlreiche Prozesse gleichzeitig bewältigt und koordiniert werden müssen. Dies erfordert vom Dolmetscher den gezielten Einsatz simultanspezifischer Strategien, die mit entscheidend für die Qualität der gesamten Dolmetschleistung sind.

Neben der Erläuterung des Simultandolmetschprozesses anhand des Modells von Barbara Moser-Mercer liegt das Hauptaugenmerk dieser Arbeit auf den verstehensstützenden Strategien Antizipation, Inferenzieren, Segmentierung und Wissensaktivierung.

Ihr Wissenschaftsverlag. Kompetent und unabhängig.

Martin Meidenbauer »

Verlagsbuchhandlung GmbH & Co. KG
Schwanthalerstr. 81 • 80336 München
Tel. (089) 20 23 86 -03 • Fax -04
info@m-verlag.net • www.m-verlag.net

Die Nürnberger Prozesse

Zur Bedeutung der Dolmetscher für die Prozesse und der Prozesse für die Dolmetscher

(InterPartes 2)

Von Martina Behr und Maike Corpataux

2006, 94 Seiten, Paperback, Euro 19,90/CHF 34,60, ISBN 978-3-89975-078-2

Wie sah die Arbeit der Dolmetscher bei den Nürnberger Prozessen aus? Wie empfanden sie die Konfrontation mit den größten Nazi-Verbrechern und den von diesen begangenen Grausamkeiten? Inwieweit beeinflusste die Tätigkeit in Nürnberg den späteren Lebensweg der Dolmetscher? Auf diese und weitere Fragen gibt diese Arbeit detaillierte Antworten.

"[...] a valuable work whose brevity does not detract from its precision. It sheds light on a variety of aspects, some purely technical, others legal, historical or human, while upholding rigorous scientific standards. It provides a range of references, enabling any newcomer to this domain to research it further." (Interpreting)

Community Interpreting in Deutschland

Gegenwärtige Situation und Perspektiven für die Zukunft

(InterPartes 1)

Von Ashley Marc Slapp

2004, 136 Seiten, Paperback, Euro 29,90/CHF 51,00, ISBN 978-3-89975-496-4

Immer häufiger müssen Sprachbarrieren im Alltag überwunden werden. Wie verständigen sich beispielsweise Ausländer mit nicht oder nur unzureichend vorhandenen Deutschkenntnissen, wenn sie in Deutschland zum Arzt oder ins Krankenhaus müssen?

Dieses Buch behandelt eine in diesem Zusammenhang wichtige, aber leider oft zu wenig beachtete Art des Dolmetschens, das so genannte *Community Interpreting*. Der Begriff *Community Interpreting* bezieht sich auf das Dolmetschen im sozialen Bereich. In dieser praxisorientierten Arbeit wird diese spezielle Variante des Dolmetschens für den medizinischen Sektor untersucht und erläutert. Dabei geraten nicht nur die deutschen Verhältnisse in den Blick. Die Untersuchung stellt ihnen den Stand des *Community Interpreting* in anderen Ländern gegenüber und geht darüber hinaus der Frage nach den Ausbildungsmöglichkeiten für *Community Interpreter* nach.

„In erster Linie ist dieses Buch als eine sehr nützliche Lektüre für diejenigen zu empfehlen, die gerne als Dolmetscher im medizinischen Bereich tätig werden wollen. [ ] Darüber hinaus ist dieses Werk jedoch auch für Ärzte, Krankenschwestern und Mitarbeiter diverser Behörden, die auf eine gute Zusammenarbeit mit Dolmetschern angewiesen sind, empfehlenswert, und zwar überall dort, wo die Vielsprachigkeit in der täglichen Arbeit Fuß gefasst hat und wo man mit der Landessprache allein nicht mehr auskommt." (MDÜ)